新时代
大学生劳动教育模式创新研究

RESEARCH ON THE
INNOVATION OF LABOR
EDUCATION MODEL FOR
UNIVERSITY STUDENTS
IN THE NEW ERA

鲁扬 著

河海大学出版社
HOHAI UNIVERSITY PRESS
·南京·

图书在版编目(CIP)数据

新时代大学生劳动教育模式创新研究 / 鲁扬著. --南京：河海大学出版社，2023.12
　ISBN 978-7-5630-8786-0

Ⅰ．①新… Ⅱ．①鲁… Ⅲ．①大学生-劳动教育-研究 Ⅳ．①G40-015

中国国家版本馆 CIP 数据核字(2023)第 241804 号

书　　名	新时代大学生劳动教育模式创新研究 XINSHIDAI DAXUESHENG LAODONG JIAOYU MOSHI CHUANGXIN YANJIU
书　　号	ISBN 978-7-5630-8786-0
责任编辑	彭志诚
文字编辑	杨　楠　张金权
特约校对	薛艳萍
装帧设计	林云松风
出版发行	河海大学出版社
地　　址	南京市西康路 1 号(邮编：210098)
电　　话	(025)83737852(总编室)　(025)83722833(营销部)
经　　销	江苏省新华发行集团有限公司
排　　版	南京布克文化发展有限公司
印　　刷	广东虎彩云印刷有限公司
开　　本	710 毫米×1000 毫米　1/16
印　　张	12.5
字　　数	220 千字
版　　次	2023 年 12 月第 1 版
印　　次	2023 年 12 月第 1 次印刷
定　　价	59.00 元

作者简介

鲁 扬

女,1978年生,博士,副教授,河海大学马克思主义学院教师。主要研究方向为思想政治教育、高等教育管理。主持教育部人文社科专项等省部级课题二十余项,主编出版教材一部,在核心期刊发表学术论文多篇。获国家级教学成果奖二等奖、江苏省教学成果特等奖、全国素质教育品牌金牌等荣誉二十余项。

序言

2018年9月,习近平总书记在《坚持中国特色社会主义教育发展道路 培养德智体美劳全面发展的社会主义建设者和接班人》的报告中,强调指出学校的育人目标应是"德智体美劳"。习近平总书记关于"德智体美劳"的重要教育论述,为新时代培养全面发展的社会主义建设者和接班人指明了前进方向。

2020年3月,中共中央、国务院印发了《关于全面加强新时代大中小学劳动教育的意见》,《意见》要求以习近平新时代中国特色社会主义思想为指导,全面贯彻党的教育方针,把劳动教育纳入人才培养全过程,紧密结合经济社会发展变化和学生生活实际,积极探索具有中国特色的劳动教育模式,创新体制机制,注重教育实效,实现知行合一,促进学生形成正确的世界观、人生观、价值观。2020年7月,教育部印发了《大中小学劳动教育指导纲要(试行)》,《纲要》要求深入贯彻习近平总书记关于教育的重要论述,全面贯彻党的教育方针,加快构建德智体美劳全面培养的教育体系。由此可见,学生的劳动教育已成为学校思想政治教育领域研究中的重要问题。

鲁扬同志长期从事高校教育管理工作,十分关注大学生思想政治教育实效。她深刻领会习近平总书记关于教育的重要论述,认真把握把劳动教育纳入人才培养全过程的要求,对劳动教育进行了深入思考和理念探究。她结合自己的教育工作实践,在研著的《新时代大学生劳动教育模式创新研究》一书中,系统地论述了中国共产党高度重视大学生劳动教育的发展历程、劳动教育的政策变迁以及劳动教育的实践模式,并全面地阐明了教育实践中的教育目标、教育者、教育对象、教育内容、教育途径、教育方法、教学条件、教育评价等内在逻辑关系和价值功能作用,认为这是在一定教学理论或思想指导下,形成的逻辑严密、特色鲜明、结构完整的教育体系,具有很强的教育性和可实施性。

鲁扬同志在《新时代大学生劳动教育模式创新研究》一书中,从历史的视角出发,对大学生劳动教育进行了深度思考,认为每一种教育模式的出现都是时代发展的产物和缩影,并受其所处的社会生产实践水平,社会发展对个人能力发展的需要以及国家对人才培养目标的设定等多方面因素的影响。认为教育模式的展现,是考察一个国家在特定的历史时段教育面貌的一个窗口;教育模式的创新,是教育对时代的呼应。要办好人民满意的教育,首先要回答教育如何回应人对自身发展的需要的问题,要回答教育如何满足时代对人才培养提出的要求的问题,以及回答教育如何推动社会生产实践水平提高的问题。

纵观我国劳动教育之现状,对大学生劳动教育的研究还不够深入,特别是针对大学生劳动教育模式的相关理论及实践研究仍然偏少。非常欣喜地是,鲁扬同志新著的《新时代大学生劳动教育模式创新研究》一书,是在大学生劳动教育这一研究领域的重要突破。全书坚持以马克思主义劳动观为理论指导,综合运用多学科最新研究成果,从历史到现实、从理论到实践对大学生劳动教育模式构建与理论创新进行了深入探究,其思路开阔清晰,观点明确新颖,分析案例生动丰富。特别是基于"课程化""项目化""社会化"的路径构建的"具身化课程""行动力导向""职业化"劳动教育模式,具有极好的创新性、应用性和可操作性。全书在内容布局、逻辑结构、理论创新、资料运用、联系实际等方面都有自己的独到之处,是一本值得细读的好书。

本书在出版之际,鲁扬同志约我为之作序,我欣然应允。鲁扬同志审时度势、潜心学问的精神值得赞扬。我作为她的博士生导师,为她的进步和成果感到由衷的欣慰。希望她戒骄戒躁、再接再厉,在未来的思想政治教育领域和人文科学研究中取得更加丰硕的成果!

是为序。

2023 年 9 月

目录
CONTENTS

导论 ······ 001
  一、研究的缘起及意义 ······ 003
    （一）研究的缘起 ······ 003
    （二）研究意义 ······ 004
  二、研究现状 ······ 005
    （一）关于劳动教育的研究 ······ 006
    （二）关于教学教育模式的研究 ······ 014
  三、研究的主要内容与方法 ······ 017
    （一）研究的主要内容 ······ 017
    （二）研究方法 ······ 018
  四、重难点和创新之处 ······ 019
    （一）研究的重难点 ······ 019
    （二）研究的创新点 ······ 020

第一章　劳动教育的概念界定和时代意义 ······ 023
  一、劳动教育的概念界定 ······ 025
    （一）劳动的含义 ······ 025
    （二）劳动教育的概念 ······ 026
    （三）大学生劳动教育的目标、内容及实施 ······ 028
  二、大学生劳动教育的时代意义 ······ 031
    （一）劳动教育促进大学生全面发展和职业价值实现 ······ 031
    （二）劳动教育促进高校提高人才培养质量 ······ 034
    （三）劳动教育促进良好社会风尚和民族复兴 ······ 037

第二章　劳动教育的理论渊源及经验借鉴 ··· 041
一、劳动教育的理论渊源 ··· 043
（一）中国传统文化中的劳动与劳动教育观 ··· 043
（二）马克思主义关于劳动和劳动教育的思想 ··· 047
（三）教育学领域中的劳动教育理论 ··· 062
二、我国大学生劳动教育历史及经验传承 ··· 069
（一）我国大学生劳动教育的历史回溯 ··· 069
（二）我国劳动教育的经验传承 ··· 078
三、国外劳动教育的经验借鉴 ··· 080
（一）苏联劳动教育的经验借鉴 ··· 081
（二）日本劳动教育的经验借鉴 ··· 083
（三）德国劳动教育的经验借鉴 ··· 085

第三章　我国大学生劳动教育模式的历史演进、现实挑战与实践困境 ··· 087
一、我国大学生劳动教育模式的历史演进 ··· 089
（一）社会动员模式 ··· 089
（二）社会化生产模式 ··· 091
（三）校本模式 ··· 093
（四）行业模式 ··· 095
二、新时代大学生劳动教育模式的现实挑战 ··· 098
（一）社会劳动价值取向的多元与失衡 ··· 098
（二）劳动意愿与实际劳动行动的不平衡 ··· 100
（三）数字化信息化弱化了教育对象的主体性 ··· 101
三、新时代大学生劳动教育模式的实践困境 ··· 102
（一）课程化进程滞后及其局限 ··· 102
（二）劳动教育的职业性与创新性不突出 ··· 104
（三）劳动教育的形式与目标之间的紧张与失衡 ··· 105

第四章　新时代劳动教育模式的构建原则及主要路径 ··· 107
一、大学生劳动教育模式构建的主要原则 ··· 109
（一）促进全面发展的整体性 ··· 110
（二）实现理论与实践的互促共进 ··· 111

（三）实现劳动教育与高校办学特色的对接 …… 112
　　（四）实现劳动教育体系的多方协同 …… 112
二、新时代大学生劳动教育模式构建的主要路径 …… 114
　　（一）"课程化"路径 …… 114
　　（二）"项目化"路径 …… 116
　　（三）"社会化"路径 …… 117

第五章　"具身化课程"劳动教育模式的构建 …… 121
一、"具身化课程"劳动教育模式的框架 …… 125
　　（一）身体在场，知行合一的具身劳动课程目标 …… 126
　　（二）完善"多重感知"的具身劳动课程内容 …… 128
　　（三）具身劳动课程建设主体协同 …… 129
　　（四）具身劳动教育课程师资多方面充实 …… 130
二、"具身化课程"劳动教育体系的运行 …… 131
　　（一）具身劳动课程的多路径实施 …… 131
　　（二）"体验—反思"式具身课程评价多维度完成 …… 133
三、案例分析 …… 136

第六章　"行动力导向"劳动教育模式的构建 …… 141
一、以项目教学法实施"行动力导向"劳动教育模式框架 …… 147
　　（一）项目构思与设计 …… 148
　　（二）项目实施运行及验收 …… 149
二、"行动力导向"劳动教育模式的运行机制 …… 149
　　（一）管理机制 …… 149
　　（二）评价机制 …… 150
三、案例分析 …… 151

第七章　"职业化"劳动教育模式的构建 …… 155
一、"职业化"劳动教育模式框架 …… 159
　　（一）优化培养方案，做好"职业化"劳动教育模式的校内统筹 … 160
　　（二）整合各方资源，打造"职业化"劳动教育模式"双师"队伍 … 160

二、"职业化"劳动教育模式的运行 …………………………… 161
　　　（一）政校企联动实施"职业化"劳动教育模式 ………… 161
　　　（二）"职业化"劳动教育模式的评价 …………………… 161
　　三、案例分析 …………………………………………………… 168

结　　论 ………………………………………………………… 174
参考文献 ………………………………………………………… 177
后　记 …………………………………………………………… 186

导论

当前,世界正经历着百年未有之大变局,全面建设社会主义现代化国家新征程的任务紧迫。习近平总书记指出,我们要始终高度重视提高劳动者素质,培养宏大的高素质劳动者大军。[①] 这给大学生劳动教育赋予了新的时代使命。本书以大学生劳动教育为研究对象,深入探索劳动教育的规律和本质,从理论、历史和现实三重视角出发,提出大学生劳动教育模式的三种创新构建方案,为加强大学生劳动教育提供实践的指导和借鉴。

一、研究的缘起及意义

2018年9月10日,习近平总书记在全国教育大会上强调"要坚持中国特色社会主义教育发展道路,培养德智体美劳全面发展的社会主义建设者和接班人"。明确将学校的育人目标从"德智体美"进一步拓展为"德智体美劳"。劳动教育成为教育改革关注的焦点,也是马克思主义劳动观的时代发展,给大学生劳动教育科学化建构和常态化实施提出了新的课题。

(一)研究的缘起

2020年3月,中共中央、国务院印发《关于全面加强新时代大中小学劳动教育的意见》(以下简称为《意见》)。劳动教育是新时代党对教育的新要求,是中国特色社会主义教育制度的重要内容,是全面发展教育体系的重要组成部分,直接决定社会主义建设者和接班人的劳动精神面貌、劳动价值取向和劳动技能水平。高校加强劳动教育是扎根中国大地办教育,坚持立德树人,培养青年马克思主义者的客观需要;是培养德智体美劳全面发展的高素质人才的必要要求;是促进社会良好风尚和中华民族伟大复兴的应然之义。同时也对高校如何加强和落实劳动教育提出了新的任务和挑战。《意见》要求,全面构建体现时代特征的劳动教育体系,通过劳动教育,使学生能够理解和形成马克思主义劳动观,牢固树立劳动最光荣、劳动最崇高、劳动最伟大、劳动最美丽的观念,具备满足生存发展需要的基本劳动能力,形成良好劳动习惯,把劳动教育贯穿家庭、学校、社会各方面,与德育、智育、体育、美育相融合,紧密结合经济社会发展变化和学生生活实际,积极探索具有中国特色的劳动教育模式,创新体制机制,注

---

① 习近平. 在庆祝"五一"国际劳动节暨表彰全国劳动模范和先进工作者大会上的讲话[N]. 人民日报,2015-4-29(2).

重教育实效,实现知行合一,促进学生形成正确的世界观、人生观、价值观。

2020年7月,为深入贯彻习近平总书记关于教育的重要论述,全面贯彻党的教育方针,落实《意见》精神,加快构建德智体美劳全面培养的教育体系,教育部印发《大中小学劳动教育指导纲要(试行)》(以下简称为《纲要》),面向学校,重点针对劳动教育是什么、教什么、怎么教等问题,细化有关要求,加强专业指导。

本书立足新时代这一重要的历史方位,对大学生劳动教育提出的新要求和新挑战,从实践和发展的角度,探讨构建体现时代特征的大学生劳动教育体系。发挥高校在劳动教育中的主导作用,确保大学生劳动教育落实落细,取得良好的教育效果。

(二)研究意义

加强高校劳动教育是对马克思主义的发展和实践,也是构建德智体美劳全面育人的重要组成部分。劳动可以树德、增智、强体、育美[①]。如何发挥高校劳动教育在育人过程中的重要作用,构建符合新时代要求和人才成长规律的大学生劳动教育模式,提升高校劳动教育的实效,这些议题不仅有必要探讨,而且迫切需要探讨。

1. 理论意义

从教育教学模式的视角丰富了劳动教育的理论研究。本研究从理论视角、历史视角和现实视角三重逻辑维度,完成新时代大学生劳动教育模式创新研究,丰富大学生劳动教育的理论构架,推进大学生劳动教育的时代化体系建构,强化马克思主义劳动观在大学生育人体系的理论整合。从理论的视角,系统分析马克思主义劳动观、知行合一的认知理论、具身认知理论、CDIO框架理论、OBE教育理论等,为劳动教育模式构建奠定基础;从历史的视角,回溯劳动教育模式的演进过程,总结已有劳动教育模式的优势和不足;从现实视角,剖析当前大学生劳动教育模式的困境,体察劳动教育模式构建的必要性和重要性,提出破解困境的现实路径。在此基础上,探求高校劳动教育的目标构成、教学内容设计等要素,据此构建顺应新时代要求、符合人才培养规律、贴合大学生成长特点的劳动教育模式,实现劳动教育在新时代的科学化理论建构,提高大学生劳动教育的育人实效。

---

① 刘向兵.新时代高校劳动教育论纲[M].北京:社会科学文献出版社,2019:3.

2. 实践意义

从实践层面看,大学生劳动教育模式的研究,以社会实际需求和现实存在的问题为导向,对提升大学生劳动教育的科学化、常态化、时代化发展具有重要的实践价值,有利于提升大学生思想政治教育的实效性。本研究提出的大学生劳动教育模式建构的三条现实路径,为大学生劳动教育改革和实践提供了新的思路和借鉴。本书提出的三种大学生劳动教育模式的创新,具有较强的时代特色和现实操作性。回应时代的呼唤,立足大学生人才培养目标和劳动教育的定位,改革教育教学方法,创新教育教学情境和平台,将劳动教育与创新创业、实习实训、专业服务、社会实践、勤工俭学深度融合,构建完整的劳动教育教学模式,是本书的亮点和创新点。此外,本书还探讨了劳动教育的机制体制设计、人才队伍建设、实践场景拓展、评价体系构建等内容,对助力大学生劳动教育在新时代的创新化发展、探索大学生劳动教育规律、推动大学生劳动教育改革、实现劳动教育综合育人功能有重要的实践意义。

二、研究现状

文献综述是开展研究的基础和起点。近年来,劳动教育成为学界研究的热点,学者们从不同视角、不同维度对高校劳动教育开展了研究。如赵鑫全等在《中国劳动教育研究 20 年:研究热点、发展趋势与演化路径——基于 CSSCI 来源期刊的文献计量分析》一文中,总结了 1998—2019 年我国劳动教育研究的演化路径。

总体而言,学术界从二十世纪之初研究马克思主义劳动教育理念,到关注劳动教育的具体实施形态,再到关注劳动教育理论的照应,继而发展到对劳动教育与全面育人等劳动教育体系视角的研究。[1]

本书以研究选题的两个关键词——"劳动教育"和"教育模式"为切入点,回顾学者的研究成果。中国劳动教育的历史是如何演进的,各个历史时期的劳动教育政策之间是如何代际传承的,劳动教育究竟有哪些模式,对于这些问题,学者们都有不同程度的研究与回应,不足之处是大多学者还没有就大学生劳动教育模式在新时代的创新构建问题给出完整、系统的回答。不论是从思想政治教育研究的视角,还是从劳动实践的角度,大学生劳动教育模式的构建都是一个前人有所涉及、但研究还不够深入的课题,有继续深入研究的必要和可能。

---

[1] 中国劳动关系学院. 劳动教育评论[Z]. 北京:社会科学文献出版社,2020:70-78.

（一）关于劳动教育的研究

劳动教育作为社会主义教育体系的重要内容，自中国共产党成立以来，经过百余年的发展，在育人目标、内容、方法和评价方面都在不断演进。概括来说，研究学者们从回顾劳动教育历史和探究新时代劳动教育两个维度，对劳动教育开展研究。

1. 关于劳动教育历史的研究

马克思很关注教育与生产劳动相结合，他指出："教育要使儿童和少年了解生产各个过程的基本原理，同时使他们获得运用各种生产的最简单的工具的技能。[1]"成有信在研究"教育与生产劳动相结合"这个劳动教育研究的起点问题时，继承了马克思主义关于劳动与生产教育结合的视角，认为：教育和生产劳动相结合乃是现代社会条件下，从现代生产劳动过程中分离出来的教育这一独立社会过程，与现代生产劳动过程这另一独立社会过程，这两个独立社会过程以现代科学为基础，有不可分割的联系和结合。[2] 也就是说，要以教育与生产劳动相结合的教育理念为指导，培养出理论和实践兼具、适应现代化科学生产发展的社会成员。

关于中华人民共和国成立以后的劳动教育历史，不同的学者研究角度也不同。曲霞和曾天山两位学者从劳动教育发展流变的角度，分析了我国1949年以来劳动教育的历史。曲霞认为，从历史的角度看，我国劳动教育缺乏内在生命力的重要原因是，我国劳动教育未能由衷地认识到并在全社会充分彰显劳动对于人的身心健康及全面发展的重要意义。我国劳动教育表现出明显的服务社会发展的外在目的趋向[3]。二十一世纪以后，劳动教育受到重视，着眼于推动国家创新、实现民族复兴。[4] 曾天山认为，七十年来，受教育内外环境变化的影响，人们对劳动教育的认识走过了从唯一方法、重要途径到教育内容的过程；对劳动教育的实践走过了从统领强化、融通综合到系统提高的过程；劳动教育的地位作用经历了从实践育人、技术素养到五育并重的过程。劳动教育的演进历程显示出对中国特色社会主义教育规律认识的升华，反映出落实立德树人根

---

[1] 高放. 马克思恩格斯要论精选[M]. 北京：中央编译出版社，2016：426.
[2] 成有信. 简论教育与生产劳动相结合[J]. 河北师范大学学报（教育科学版），2003（2）：23-26.
[3] 曲霞，刘向兵. 新时代高校劳动教育的内涵辨析与体系建构[J]. 中国高教研究，2019（2）：73-77.
[4] 李珂，曲霞. 1949年以来劳动教育在党的教育方针中的历史演变与省思[J]. 教育学报，2018（5）：63-72.

本任务的创新,从中折射出教育逻辑和实践逻辑的统一。[1]

也有学者从劳动教育价值的视角分析劳动教育历史,包括祁占勇和徐海娇。祁占勇从价值的角度审视新中国成立七十年来劳动教育政策,他认为新中国成立以来劳动教育政策是在工具理性与价值理性的博弈中不断演进的,并经过了工具理性主导:劳动教育政策的价值选择(1949—1957 年);工具理性与价值理性共存:劳动教育政策的价值适配(1958—1977 年);工具理性回归:劳动教育政策的价值诉求(1978—1992 年);工具理性到价值理性:劳动教育政策的价值转变(1993—2009 年);价值理性彰显:劳动教育政策的价值归宿(2010 年至今)五个阶段[2]。祁占勇提出新时代我国劳动教育政策开始更多地关注学生作为人的自由全面发展、至善至美,劳动教育政策的价值理性明显得以体现。徐海娇分析了新中国成立以来的劳动教育的价值演变轨迹并将其总结为:雏形建设时期(1949—1956 年)凸显体能;全面探索时期(1957—1965 年)侧重生产;十年"文革"时期(1966—1976 年)变成工具;恢复重建时期(1977—1998 年)突出技术;改革深化时期(1999 年至今)立足素养[3]。

还有学者从劳动教育目标的角度进行研究。赵长林探讨了劳动课程设置及目标演变史:1949—1958 年旧中国劳动教育的消解与新中国劳动教育的探索;1958—1978 年劳动教育的泛政治化和实用技术化;1978—2000 年我国劳动教育的纠偏与探新;2000—2018 年我国劳动教育向劳动素质培养的转型;2018 年以后,新时代劳动教育体系的重建。他同时提出新时代劳动教育思想是对马克思主义劳动价值理论的新发展,是对中国传统劳动育德、育体思想的新超越,是对新中国劳动教育思想的新跨越,具有新的政治功能[4]。刘向兵将新中国成立以来的劳动教育分为以下几个阶段:一是 1949 年至 1956 年,劳动教育的目标是缓解中小学生升学压力、动员毕业生就业;二是 1957 年至 1977 年,劳动教育被视为阶级斗争的手段、解决教育经费问题的手段和解决理论脱离实际问题的根本方式,其政治意义、经济意义和认识论意义上的目标都被提升到了前所未有的高度;三是 1978 年至 1999 年,党中央的教育方针从现代化建设的高度

---

[1] 曾天山.我国劳动教育的前世今生[N].人民政协报,2019-5-8(10).
[2] 祁占勇.新中国成立 70 年来我国劳动教育政策的价值选择及其变迁[J].国家教育行政学院学报,2019(6):18-26.
[3] 徐海娇.危机与重构:劳动教育价值研究[D].长春:东北师范大学,2017.
[4] 赵长林.新中国成立 70 年我国劳动教育思想的演进与劳动课程的变迁[J].国家教育行政学院学报,2019(6):9-17.

恢复教育与劳动结合的本义,对是否以及如何坚持教育与劳动结合的问题进行了深入的讨论,五育说法改为三育;四是2000年至2012年,党中央站在新的历史高度重新诠释了新时期劳动的内涵,劳动创造价值高度彰显,党的教育方针调整为"培养德智体美全面发展的社会主义建设者和接班人",强调教育不仅要与生产劳动相结合,更要与社会实践相结合。

芮国星等在《1949年以来劳动教育的三重逻辑与现实思考》一文中从理论、历史、实践三个层面梳理了新中国成立以来的劳动教育:理论层面,中国共产党以马克思主义劳动观及其教育思想为指导,通过劳动观的理论教育,引导人们科学认识劳动与人、劳动与社会历史、劳动与整个人类解放的辩证关系;历史层面,中国共产党以各个历史时期的时代主题为核心,与时俱进,不断探索符合中国社会发展的劳动教育模式和劳动教育规律,以劳动教育服务国家政治经济发展;实践层面,中国共产党在目标指向、制度保障、阵地建设等方面形成了具有中国特色的劳动教育实践,丰富了马克思主义关于劳动教育的实践形式[①]。

纵观目前对劳动教育历史的研究成果,主要集中在不同历史时期劳动教育的政策方针、实施措施以及经验教训的总结。总体来讲,研究学者对劳动教育各个发展阶段的划分与中国共产党党史的发展阶段相对应,对各个历史时期劳动教育政策以及落实的特点进行了分析和比较,归纳了演变历程,但是目前已有研究成果并没有从劳动教育模式构建的角度做历史的考察,这个问题也是本书的研究难点之一。

2. 关于新时代劳动教育的研究

劳动教育的育人目标、劳动教育的内涵、劳动教育的内容、劳动教育的价值以及新时代对劳动教育提出的新要求,这是新时代劳动教育研究形成的几项主要研究成果。第一个方面,是关于新时代大学生劳动教育的育人目标。劳动教育的育人根本目标就是培养社会主义建设需要的人才。对劳动者技能进行培训,对劳动者品德与修养进行教化,在培育时代接班人的同时,也助力全面教育的进程。首先,推动劳动者劳动技能与劳动水平提升是高校劳动教育最基础的、现实的需求;其次,推进劳动者思想道德修养的提升是劳动教育的应有之义。二十世纪以来,劳动教育的地位、作用日益显现,劳动教育由此也逐渐成为人的全面发展教育的重要内容。总之,中国共产党的劳动教育在每一历史时期

---

① 中国劳动关系学院.劳动教育评论[Z].北京:社会科学文献出版社,2020:80-95.

不断丰富发展,从促进政治建设、保障经济发展、培养社会主义建设人才等方面服务国家与社会的发展需要。① 中国共产党劳动教育的实践目标是:在人民群众辛勤劳动中捍卫劳动创造历史伟大意义。其主要表现为以下两个方面:以"劳动最伟大、劳动最光荣"厚植人民群众的劳动情感;以劳动创造历史坚定人民群众的劳动意志。②

第二个方面,关于新时代大学生劳动教育的内涵研究。刘向兵从劳动教育的地位、内容、形态和目的等角度做出定义:新时代高校劳动教育是高等学校人才培养体系的重要组成部分,是顺应新时代劳动发展趋势对大学生进行系统的劳动思想教育、劳动技能培育与劳动实践锻炼,全面提高大学生劳动素养的过程,其目的是引导新时代大学生在劳动创造中追求幸福感、获得创新灵感,培养具有社会责任感、创新精神和实践能力的高级专门人才③。

周光礼的总结,继承和发展了马克思等关于劳动的思考。他认同劳动的本质就是人的自然力表现的看法,在劳动中蕴含了发展的一切进步因素。高校劳动教育应从着力于教育教化育人的角度,积极推动、激发不同形式劳动潜力的释放,从而促进人的全面发展,促进人综合素养与精神状态的全面提升。所以,从这个角度来说,从内容上讲,劳动教育是通识教育的重要组成;从手段上讲,劳动教育是专业教育的重要途径。专业教育的实质是实用主义的职业教育导向,我们提倡的劳动教育是人本主义的素质教育导向,高校劳动教育本质上正是承担了作为通识教育、实现专业教育之目的④。

第三个方面是新时代高校劳动教育内容的研究。曾天山认为,当今时代不能一味地强调劳动习惯、态度或者劳动品德,同时更要加大对劳动认知、劳动价值观、劳动科学知识与技能方面的关注,全面系统地培育学生的劳动素养。大学生要在理解劳动的基础上,积极追求创造性劳动。要热爱劳动、学会劳动,更重要的是"明劳动之理",深刻理解劳动的本质定义、创造的价值与普遍意义。要追求有智力的劳动,要去发现、探索高技术含量的劳动,而不是追求单纯、重复的劳动。不仅要通过提高劳动的科技含量,提高劳动效率,更要有新时代的人文关怀。

胡君进等认为,劳动教育的本质在于培养劳动价值观。社会主义劳动教育

---

① 中国劳动关系学院.劳动教育评论[Z].北京:社会科学文献出版社,2020:86-87.
② 中国劳动关系学院.劳动教育评论[Z].北京:社会科学文献出版社,2020:88-89.
③ 刘向兵.新时代高校劳动教育论纲[M].北京:社会科学文献出版社,2019:51-61.
④ 中国劳动关系学院.劳动教育评论[Z].北京:社会科学文献出版社,2020:40.

的核心目标是促进学习者形成正确的劳动价值观。劳动价值观的教育应当涵盖三个方面:一是要让学生认识到劳动具有本源性价值,即劳动是创造物质世界和人类历史的根本动力,劳动、劳动者神圣光荣;二是要让学生认识到劳动具有经济价值,即劳动是一切财富的源泉,按劳分配是合乎正义的分配原则,不劳而获、少劳多得可耻不义;三是要让学生认识到劳动具有教育性价值,教育与生产劳动相结合不仅体现社会主义教育的本质,而且热爱劳动、参加劳动才能实现个人的健康成长,不愿劳动、不爱劳动则阻碍个人的全面发展。①

刘向兵认为,在教育内容上,应该重视劳动科学知识的学习,这对培养学生社会主义劳动观念和劳动精神有重要作用。要教育、引导学生进一步认识社会主义劳动观念和劳动精神。要开展马克思主义劳动观教育,开展劳模精神、劳动精神和工匠精神教育,开展中国特色和谐劳动关系教育,开展劳动法律、劳动与社会保障、劳动与管理、劳动与安全、劳动与心理等与学生未来职业发展密切相关的通用劳动科学知识教育。对这些知识的正确认识与理解,能真正提高学生践行社会主义劳动观念和劳动精神的自觉性和主动性。②

第四个方面是关于新时代高校劳动教育价值的研究。曾天山提出四个方面的劳动教育价值:一是劳动教育是关于人类生存本能的教育;二是劳动教育是劳动者职业启蒙教育,可以把劳动的过程看作职业启蒙的开始;三是劳动教育充当了"工作世界"与"劳动教育"的联通工具,不同劳动的价值是遵循等价交换规律的;四是劳动教育相比其他教育手段具有综合育人的作用。其他四育的独立性特征相对明显,只有劳动教育才具备综合育人的特点,换言之,就是劳动教育包含教育智慧、教育情感以及劳动之美。此外劳动教育还有一个显著特点,那就是劳动教育是一种集体主义教育。我们长期缺乏的集体主义教育,其实包含在劳动教育之中,通过集体劳动、为集体劳动、合作劳动来充分发挥劳动教育独特的集体教育意义。

刘向兵认为,如果从教育目标的角度探讨研究劳动教育的价值,那么可以以"培养德智体美劳全面发展的社会主义建设者和接班人"这一教育目的为切入口。这一论述,是以马克思关于人的全面发展理论为基础,既彰显了追求全面发展的个体本位论取向,又彰显了促进个体社会化的社会本位论取向。强调要在"个体社会化"与"社会个体化"良性互动、双向建构的过程中,促进人的全

---

① 胡君进,檀传宝.马克思主义的劳动价值观与劳动教育观——经典文献的研析[J]教育研究,2018(5):9-15.
② 中国劳动关系学院.劳动教育评论[Z].北京:社会科学文献出版社,2020:29.

面发展。从助力个体发展的角度来说,我国教育非常重视劳动教育在促进个体的德、智、体、美等方面身心全面发展的作用,以积极的劳动教育推动以劳立德、以劳增智、以劳强体、以劳育美。在社会教育目的下,加强劳动教育绝不是为了劳动而劳动,为了谋生而劳动,而是以促进个体身心素质的提升为内在目的。也正是劳动观念和劳动精神追求上的差异,造成了资本主义国家劳动教育和社会主义国家劳动教育的本质不同。①

周光礼基于高等教育与工作世界关系的视角,分析了劳动教育在高等教育中的价值定位。新的历史时期,习近平总书记站在时代的高度,将劳动教育看作实现中华民族伟大复兴中国梦的根本途径。高校更应该深刻贯彻落实习近平总书记的指示要求,将劳动教育贯穿教学实践中,让劳动教育革新成为新时期我国教育事业发展改革的主旋律之一,让"劳动、劳动者成为新的时代名片"。具体而言,应该重新审视和明确高等教育目标,依据劳动教育重新定义高等教育。目前,国内研究者形成的一致共识是:马克思主义劳动观为劳动教育提供了理论依据,劳动教育在五育体系中处于基础性、全局性和渗透性地位,劳动教育的核心在于劳动价值观的塑造与劳动素养的培育。在此共识的基础上,如若以劳动教育推动高等教育的目标重构,应该从以下三个方面入手:首先通过劳动教育沟通高等教育与职场,密切学生生活与社会生活;其次要培养"知中国、服务中国"的全方位人才;第三要理清劳动教育与通识教育、专业教育之间的区别与联系,明确其在高校课程体系与实践教学形式中的建设方向。②

第五个方面,关于新时代对劳动教育的新要求的研究。党的十八大以来,习近平总书记多次在讲话中,对劳动、劳动者、劳模精神进行重要阐释。党的十九大报告、二十大报告又对劳动、劳动者、劳动教育等,做出了一系列的重要论断。新时代背景下,以上这些对高校劳动教育提出的新要求,是对马克思主义劳动思想的继承与发展,又详细地勾勒出中国特色社会主义伟大事业的实践路径。

《意见》要求"落实全国教育大会精神,坚持立德树人。把劳动教育纳入人才培养全过程。与德育、智育、体育、美育相融合"。立德树人是新时代劳动教育的指导思想和根本要求。李习文认为,以劳育人在高校立德树人中的合理性源于以下三个方面:首先,以劳育人是马克思主义实践精神的根本要求,是其价值目标在教育领域中的显现;其次,以劳育人是马克思主义育人理念的本质要

---

① 中国劳动关系学院.劳动教育评论[Z].北京:社会科学文献出版社,2020:28-29.
② 中国劳动关系学院.劳动教育评论[Z].北京:社会科学文献出版社,2020:31-41.

求,是培养社会主义新人不可替代的途径;再次,以劳育人是新时代高校完成立德树人根本任务的必经之路,是中华民族伟大复兴事业后继有人的根本保证。靖庆磊分析了劳动教育与高校立德树人育人使命的基础关联,劳动教育有利于帮助学生修人性美德、增人生之智、强健康之体、育身心之美。

刘向兵分析了习近平总书记关于劳动的重要论述的时代要义,并进一步分析了新时代高校劳动教育的新要求:一要深刻理解和把握劳动教育在社会主义建设者和接班人培养中的基础作用;二是深刻理解和把握德智体美劳的辩证关系;三是深刻理解和把握新时代劳动教育的崭新意蕴;四是深刻理解和把握高校劳动教育与中小学劳动教育的区别和联系。[1]

五育并举指的是,习近平总书记2018年在全国教育大会上把育人目标从"德智体美"拓展为"德智体美劳",这是新时代对劳动教育的精辟表述。也有学者从五育并举的角度探讨了新时代对劳动教育的要求。五育并举视域下的研究,主要集中在明晰劳动教育与其他"四育"之间的关系,明晰劳动教育之于树德、增智、强体和育美四个方面的重要作用。在劳动教育与其他"四育"关系层面,劳动教育是全面教育体系的重要组成部分,劳动教育与德育、智育、体育、美育既密切联系又各有特点[2]。过去觉得劳动教育是一个途径、方法、方式,进不了整个育人体系当中,现在劳动教育变成"五育"的内容之一,这样的地位是和"四育"并行的,秉承了全面育人的必然要求。德、智、体、美、劳,劳动教育排在第五位,这种排序不代表它的地位是第五位的,劳育和其他"四育"是融合的,不仅对其他四育有助力作用和促进作用,自身价值也极为突出[3]。在劳动教育滋养"四育"层面,孙会平总结我国劳动教育的历史经验,认为五育融合应以劳动教育作为击破应试教育壁垒着力点,深入促进学生综合核心素养与学业能力的提高;探寻以劳树德,建立并持续完善劳动教育课程体系,以劳动教育促进学生对其他学科课程的掌握,实现以劳增智,探索以劳育美,以劳强体,多方面持续进行特色劳动育人体系的实施,保证劳动教育的有效性。[4]

鲁满新认为,新形势下,弘扬劳动精神,将劳动教育融合于高校思想政治教

---

[1] 刘向兵. 新时代高校劳动教育的新内涵与新要求——基于习近平关于劳动的重要论述的探析[J]. 中国高教研究,2018(11):17-21.
[2] 李珂. 行胜于言:论劳动教育对立德树人的功能支撑[J]. 教学与研究,2019(5):96-103.
[3] 中国劳动关系学院. 劳动教育评论[Z]. 北京:社会科学文献出版社,2020:7-8.
[4] 孙会平,宁本涛. 五育融合视野下劳动教育的中国经验与未来展望[J]. 教育科学,2020,36(1):29-34.

育之中,是培养德智体美劳全面发展大学生、厚植社会主义核心价值观的必然选择。他提出教育与劳动相结合是培养担当民族复兴大任时代新人的客观需要,是五千年中华民族文明传承的客观需要,是国家繁荣昌盛、人民生活幸福的客观需要。

刘向兵在《新时代高校劳动教育论纲》一书中,开篇就阐述了新时代大学生加强劳动教育的重要意义:加强大学生劳动教育是扎根中华大地扎扎实实地办教育,继承和发展马克思主义唯物史观的客观需要;是培育德智体美劳全面发展的接班人,助力高水平人才培养体系形成的必然要求;是实现中华民族伟大复兴的梦想,建设高素质社会主义劳动者大军的重要举措;是提升新时代大学生思想政治教育水平的应有之义[①]。

李珂在《嬗变与审视:劳动教育的历史逻辑与现实重构》一书中,专门成章详细地分析新时代对高校劳动教育的要求。李珂认为劳动教育在人才培养体系中有独特地位,他从梦想实现、价值引导、实践育人、以文化人四个维度,阐述了劳动教育支撑高校立德树人的逻辑维度,并且讨论了劳动教育在高校立德树人中起到的功能整合般的作用[②]。

曾天山认为,新时代,劳动教育应该回归其本质中去。新时代重提劳动教育,既有对马克思主义"教劳结合"思想引领的坚持,也有对中华文明"耕读传家久"思想的继承。劳动教育不会过时,但也要与时俱进,对劳动教育的认识应回归本质。现代技术条件下的劳动教育,要强调书本知识和实践经验相结合,更应结合时代特征,教育要与以科学技术为基础的劳动相结合。将新时代的劳动教育纳入全面发展的教育之中,培养专业精神、职业精神、劳动精神,进而构建德智体美劳全面培养的教育体系。如果说德育体现"善"的要求,智育体现"真"的要求,体育体现"健"的要求,美育体现"美"的要求,那么劳动教育则体现"做"的要求。这样的战略思考与制度设计把人们对劳动教育的认识提高到新的历史高度,体现党对新时代如何培养人的深刻认识,既是对国民教育体系的进一步完善,也是对新时代国家发展与个体发展所面临的新问题的主动回应。[③]

新时代是本书研究劳动教育的重要历史站位,也是做好新时代劳动教育相关研究的基本前提。目前对新时代高校劳动教育的研究基于习近平总书记关

---

① 刘向兵.新时代高校劳动教育论纲[M].北京:社会科学文献出版社,2019:1-11.
② 李珂.嬗变与审视:劳动教育的历史逻辑与现实重构[M].北京:社会科学文献出版社,2019:101-115.
③ 曾天山.我国劳动教育的前世今生[N].人民政协报,2019-5-8(10).

于教育的重要论述,已经较为全面和深入。上述研究对马克思的劳动观、劳动教育观做出较为深刻的阐述,也对习近平新时代中国特色社会主义思想中关于劳动的重要论述、对劳动教育的新要求进行了深入分析。还有学者从更微观的层面,从五育并举、立德树人等角度分析了新时代对高校劳动教育的新要求。从目前的研究来看,对新时代劳动教育要求的研究已经有不少成果,但是还没有具体到对大学生劳动教育模式的要求,或者如何在大学生劳动教育的模式构建中落实这些层面的要求。从教育教学模式的理论视角,对新时代大学生劳动教育方面的研究还应该进一步加强。

(二) 关于教学教育模式的研究

《现代汉语词典》对模式一词的定义是:某种事物的标准形式或使人可以照着做的标准样式。概括地说,模式就是把解决某类问题的方法总结归纳到理论高度,成为用于解决某一类问题的方法论。模式具有典型性和稳定性,既体现了一定的理论框架,同时又反映了实践的一种可操作的程序。[①] 1972年,美国教育心理学家乔伊斯(Joyce)和韦尔(Well)在他们的专著《教学模式》中第一次把"模式"一词引入教育学研究,即教学理论与教学实践的统一问题。教育模式通常都构建在某种教育理论基础之上,是一种介于教育理论和实践之间的方法策略体系。[②]

查有梁教授认为"模式方法的主要特点是排开事务次要的、非本质的部分,抽出主要的、有特色的部分进行研究"。[③] 高等教育模式是对高等教育系统中主要部分、主要因素及其关系、状态、过程进行的抽象描述。高等教育模式包括人才培养模式、高教体制模式和高教结构模式等子模式。人才培养模式,由教育目的、教育对象、课程体系、教学制度等因素构成,主要包括人才培养环节与方式两个方面;高教体制模式,由办学体制、宏观管理体制和学校内部管理体制组成,表现为政府、社会和各级各类高等学校之间的相互关系及其组织运行方式;高教结构模式是指高等教育体系内各组成要素之间的比例关系和联系方式,这是一个多层次、多维度的复杂的综合结构。[④]

---

① 黎江.对高等教育领域创业教育模式的认识[J].高等农业教育,2004(12):14-17.
② 吴红云.基于人本主义教育视角的研究型大学创业教育模式研究[D].合肥:中国科学技术大学,2018.
③ 查有梁.教育模式[M].北京:教育科学出版社,1998:7.
④ 谢雪峰.从全面学苏到自主选择——中国高等教育与苏联模式[M].武汉:华中科技大学出版社,2004:46-51.

陈磊在《新中国成立初期高等教育模式形成研究》一文中,选取了几个关键要点探讨教育模式。主要包括教育目的、教育对象、课程体系、教学制度、办学体制、宏观管理体制、学校内部管理体制、高校类型结构、科类结构和层次结构等。蒋艳在《新时代大学生社会主义核心价值观教育模式建构研究》一文中,总结了价值观念教育,其代表性的模式有:理论灌输、实践教育、德心共育、系统化、主体性、生活化等几种观点。①

对于模式的构建方式,查有梁教授在《新教学模式之建构》一书中,总结了三种建模方法。第一种是应用简化、抽象、相似等科学方法,从"原型"到"新型"出发建构模式;第二种是应用直接、逻辑、模拟等科学方法,从"问题"到"求解"出发建构模式;第三种是应用演绎、假设、归纳等科学方法,从"理论"到"实践"出发建构模式。建模方法不是单一方法的应用,而是要灵活应用多种方法。所以说建模方法是现代科学方法的大综合。大综合的方法,能解决较复杂的问题。教学是一个复杂系统,教学模式方法,一定是现代科学方式的大综合。②

关于劳动教育模式的研究方面,马克思在其关于劳动教育的论述中,对他当时所处的时代就教育与生产劳动相结合的具体形式进行了比较细致的构想。他在观察了工厂童工的生产学习情况之后,在其著作中写道:"现代工业吸引男女儿童和少年来参加伟大的社会生产事业,是一种进步的、健康的、合乎规律的趋势。"③此外,马克思还肯定了罗伯特·欧文设想的儿童进入工厂半工半读的观点。但是马克思的这些设想并没有得到较好地实现,这一方面源于资本主义生产关系的阻碍,另一方面,也受到当时生产力水平、劳动者知识水平的制约。列宁在其社会主义教育实践中,也提出过"对十六岁以下的全体男女儿童实行免费的和义务的普通和综合技术教育。……使教学跟社会生产劳动紧密结合起来"④。虽然这些观念、经验不能直接拿来照搬照抄,但是对新时代劳动教育模式研究提供了较好的理论指引。

成有信二十世纪八十年代谈到如何具体推进教育和生产劳动相结合的时候,提到了应在高等教育阶段开展实习教学。在实习教学过程中,推进理论和实践、科学教育与生产劳动过程相结合。成有信在1997年《教育与生产劳动相结合理论的新探索》一文中总结,教育与生产劳动分别包含三个层次和两个模

---

① 蒋艳.新时代大学生社会主义核心价值观教育模式建构研究[D].徐州:中国矿业大学,2019.
② 查有梁.新教学模式之建构[M].南宁:广西教育出版社,2003:3-4.
③ 马克思,恩格斯.马克思恩格斯全集(第十六卷)[M].北京:人民出版社,1964:216.
④ 列宁.列宁全集(第三十六卷)[M].北京:人民出版社,2017:87.

式。"三个层次"指的是事实层次、思想层次、政策层次。"两个模式"指的是劳教结合的对待方式和实施方式一类是自由主义的和实用主义的,另一类是理想主义的和集体主义的。[①]

肖川在1999年分析了教育与生产劳动相结合的六种途径和模式。这六种模式分别是:模式1教育与生产的结合;模式2生产与教育的结合;模式3教育与劳动的结合;模式4职业教育、专业教育、科学教育、回归教育、终身教育;模式5综合技术教育;模式6劳动与教育相结合。[②] 这一研究成果站在一个新的高度,看到了教育与生产劳动相结合对于人的发展的意义。这个模式过于宏观,站在了对全部学业阶段学生的劳教结合的考虑,高度虽然高但不具体,尽管如此依然为具体的大学生劳动教育模式构建提供了理论参考。

在二十一世纪以后的文献中,虽然没有直接研究大学生劳动教育模式的文章,但是也有学者对高校劳动教育的实施途径、体系构建等提出了更为具体的观点。如曲霞提出了构建"五大目标体系""三大任务体系""1+8实施体系"和"3+1保障体系"[③]。她认为劳动教育是促进学生全面发展的实践教学形式,所以必须依托于一套成熟、完善、科学的课程与教学体系。"五大目标体系"指的是劳动价值观、劳动情感态度、劳动品德、劳动习惯和劳动知识技能;"三大任务"指的是劳动思想教育、劳动技能培训和劳动实践锻炼;"1+8实施体系"中,"1"是指专门化的劳动教育课程建设,"8"是指劳动教育融入高校现有人才培养体系的8条路经,即劳动教育与校园文化、生涯规划、创新创业、就业指导、产教结合、志愿服务、专业教育、实习实训等相结合;"3+1保障体系","3"是外部保障体系,即师资队伍、条件和评价体系保障,"1"指外部社会环境支持。鲁满新认为,劳动教育应该写进课程体系和人才培养方案,应该以"三全育人"为载体,应该以文化人,以行导人。[④]

缪昌武认为高职院校要把握新时代劳动教育与其他四育的内在逻辑,注重在探究劳动教育与德育、智育、体育和美育的相互关系中,寻求提升劳动教育效果的路径。虽然探讨的是高职院校,但是对普通高校的劳动教育的模式构建亦有启发。

---

① 成有信.教育与生产劳动相结合理论的新探索[J].北京师范大学学报(社会科学版),1997(3):26-34.
② 肖川.教育与生产劳动相结合的模式与意义[J].中国教育学刊,1999(2):5-9.
③ 曲霞,刘向兵.新时代高校劳动教育的内涵辨析与体系建构[J].中国高教研究,2019(2):73-77.
④ 鲁满新.论新时代弘扬劳动精神的重大意义与实践路径[J].思想理论教育导刊,2019(4):134-137.

刘向兵在《新时代高校劳动教育论纲》一书中用一个章节讨论了新时代高校,应如何加强对劳动教育实施体系的设计。刘向兵认为,要在做好劳动教育课程建设的基础上,做好八个结合,即劳动教育与思想政治教育、专业教育、实习实训、社会实践和志愿服务、创新创业教育、产教融合、职业生涯教育及就业指导、校园文化相结合。刘向兵在"新时代高校劳动教育的保障体系"一章中,提出了做好师资队伍、条件保障、评价体系、社会支持四个方面[1]。

总体来讲,教育教学模式方面,目前学界已经有比较成熟的理论成果,但是对劳动教育的模式研究的还不充分。历史上有哪些劳动教育模式?这些模式的构建有哪些历史背景?在实施教育的过程中有哪些优势和不足?对新时代的劳动教育开展有哪些经验和借鉴?新时代劳动教育从模式的层面有哪些困境和不足?应该如何通过模式的构建来应对和解决?对于这些问题目前还没有比较成熟的研究成果,但是很多学者都已经将目光投向了高校劳动教育的实践环节。学者们从不同的视角做了一些有益的探讨,但是整体理论性不强,全局性不够,对于新时代需要什么样的劳动教育模式以及在何种理论指导下构建何种劳动教育模式等问题的研究还不深入。

三、研究的主要内容与方法

(一)研究的主要内容

本书共有七章。导论部分阐明选题的背景与研究意义,在综述国内外关于劳动教育、教育教学模式等问题研究现状的基础上,厘清本研究的主要内容、研究方法、重难点和创新点。第一章,劳动教育的概念界定和时代意义。此章对本书涉及的劳动教育、大学生劳动教育模式等概念进行界定,明确大学生劳动教育的时代意义。第二章,劳动教育的理论渊源及经验借鉴。此章通过理论研究法,剖析劳动教育的理论渊源。新时代劳动教育吸收中国传统文化中劳动理念的精华,根植于马克思主义学说的沃土、传承教育名家关于劳动教育的学说来开展。采用历史分析法,回顾我国高校劳动教育政策的历史沿革与演变,分析国内外大学生劳动教育的经验借鉴。第三章,我国大学生劳动教育模式的历史演进、现实挑战与实践困境。此章梳理我国劳动教育模式发展历史上出现的

---

[1] 刘向兵.新时代高校劳动教育论纲[M].北京:社会科学文献出版社,2019:73-180.

四种典型的大学生劳动教育模式,解读新时代大学生劳动教育的现实挑战,剖析新时代劳动教育模式的实践困境,为新时代大学生劳动教育的模式构建提供问题导向。第四章,新时代劳动教育模式的构建原则及主要路径。此章在反思现状的基础上,提出新时代大学生劳动教育模式构建的四个主要原则和三条现实路径。第五章,"具身化课程"劳动教育模式的构建。此章以"具身认知"理论为基础,按照大学生劳动教育模式"课程化"实施路径,分析"具身化课程"劳动教育模式的框架及运行。第六章,"行动力导向"劳动教育模式的构建。此章以"行动导向"理论为基础,按照大学生劳动教育模式的"项目化"实施路径,分析"行动力导向"劳动教育模式的框架及运行。第七章,"职业化"劳动教育模式的构建。此章以马克思主义实践论等理论为基础,按照大学生劳动教育模式的"社会化"路径,分析"职业化"劳动教育模式的框架及运行。第六、七、八章均对三种创新性劳动教育模式的特点、不足、适合哪些高校类型以及对历史上何种劳动教育模式实现超越进行了阐述。

(二) 研究方法

新时代大学生劳动教育模式构建的创新研究,坚持理论研究和实际关照相结合,继承与创新相结合,主要采用了文献研究法、历史分析法、理论分析法和案例研究法。

1. 文献研究法。研读国内外与劳动和劳动教育相关的文献,进行文献研究。通过研读马克思恩格斯等有关劳动教育的相关理论,中国共产党历代领导人关于劳动教育的方针,特别是习近平总书记关于劳动教育的重要论述,掌握在新时代开展劳动教育的理论渊源,分析新时代对劳动教育的新要求。探讨新时代高校开展劳动教育的原则,为新时代劳动教育模式的创新研究提供基础的理论指导。

2. 历史分析法。历史分析法就是在整理分析相关史料的基础上,对研究对象的历史渊源、发展过程、经验教训和历史趋势做出分析的一种研究方法。本书研究的核心是教育模式,具体是大学生劳动教育的模式,这就需要从历史的角度溯源。考察各个历史阶段在进行大学生劳动教育的过程中是否有模式的构建,构建了怎样的模式,这些模式的实际运行效果如何,提炼不同历史阶段劳动教育模式的重心和特点。以此为出发点,站在新时代这一重要的历史方位,构建适应新时代要求和符合人才培养规律的大学生劳动教育模式。

3. 理论分析法。教育模式的定义是要求在一定的理论指导下,对教学体系的整体建立。以教育学、心理学等范畴的理论为基础,为大学生劳动教育模式的构建提供不同的思路和理论框架。以具身认知理论为基础,研究"具身化课程"劳动教育模式;以"行动导向"和 OBE 教育理论为基础,研究"行动力导向"劳动教育模式;以马克思主义实践论、知行合一理论为基础,研究"职业化"劳动教育模式的构建。

4. 案例研究法。收集中国共产党领导高等教育以来,以各种教育模式开展大学生劳动教育的案例,分析其在教育理念、教育内容、教育方法、评价方法、教育成效等方面的具体实践,为新时代大学生劳动教育的创新提供经验与借鉴。在研究新时代大学生劳动教育模式的过程中,以 H 大学水文水资源专业的一项实践为例,说明以项目教学法实施"行动力导向"劳动教育模式的具体过程。以 H 大学与 N 集团共同开展大学生劳动教育为案例,说明"职业化"劳动教育模式的构建及实施过程,以及验证评价方法的有效性。

四、重难点和创新之处

在理论研究方面,目前对大学生劳动教育模式的研究还不充分,在劳动教育模式的历史研究、理论探索方面研究成果都还不够多。如何立足于新时代对高校劳动教育的要求,立足于现有的教学理论成果,从理论研究的层面,剖析我国劳动教育历史上所做的模式构建探索,分析和借鉴国内外劳动教育的经验和优点,提出新时代大学生劳动教育的模式构建原则、构建路径等,是本书的研究重点。实践层面上说,深刻理解劳动教育的时代意蕴,在分析目前大学生劳动教育的困境和不足的基础上,回应新时代对劳动教育的要求和挑战,创新构建体现新时代特征的劳动教育模式体系是本书的难点。新时代大学生劳动教育模式的创新构建要遵循教育规律、体现时代特征、强化综合实施、健全体系协同,实施过程可操作、可评价、可反馈,切实落实劳动教育的内容,达到新时代大学生劳动教育的目标。

(一) 研究的重难点

1. 理解新时代对大学生劳动教育的新要求。新时代有怎样的时代特点、时代需求和时代呼唤?新时代对大学生劳动教育究竟提出了怎样的要求?大学生劳动教育在新时代有怎样的时代价值?这些问题是本研究展开的重要背景和前提。没有深刻理解新时代的含义,研究就是无水之源、无本之木。本研究通过对新时代的深入探讨和阐释，打好研究基础。

2. 分析和凝练我国历史上大学生劳动教育模式究竟有哪些。我国历来重视劳动教育，百年来的劳动教育历程中，究竟有哪些典型的教育模式？这些教育模式是在怎样的政治经济和政策背景下产生的？这些教育模式都有哪些特点和不足？这些模式的构建对我们新时代劳动教育创新有哪些经验与启示？历史是最好的教科书，真正了解过去才能正确认识现在，才能科学把握未来。考察中国共产党成立以来对劳动教育的百年探索以及实践奋斗，是研究新时代大学生劳动教育创新的必要前提和有益营养。

3. 大学生劳动教育模式的创新研究。回顾我国劳动教育发展的历史，凝练和总结近一百年来我国大学生劳动教育的典型模式，借鉴国外劳动教育的有益经验，提出我国大学生劳动教育的创新模式。劳动教育模式是指，和劳动教育相关的所有的要素，包括师资队伍、课程建设、实践环节、平台拓展等所有要素的有机集合。模式的创新必须要符合高等教育的规律，符合人才成长成才的规律，本研究提出大学生劳动教育的"课程化""项目化""社会化"三条路径。并依据三条路径，创新性地提出三种大学生劳动教育模式，即"具身化课程"劳动教育模式、"行动导向"劳动教育模式和"职业化"劳动教育模式，为新时代大学生劳动教育培养模式的创新贡献一点新的思路。

（二）研究的创新点

一是劳动教育探讨的视角新。大学生劳动教育是构建高校"德智体美劳"全面育人体系的重要组成部分，突出劳动教育的重要地位，是新时代培养全面发展时代新人的顶层设计和总体部署，要求进一步推进大学生劳动教育的科学化。本研究立足新时代劳动形态的新发展和大学生的新特点，从模式构建的视角创新拓展大学生劳动教育的研究范围。在理论回应层面，根据具身认知理论、行动导向理论、马克思主义实践论等理论，构建大学生劳动教育模式框架，细化模式运行机制，规范模式实施和评价，形成目标导向、系统协同、差异培养的大学生劳动教育新模式，积极回应了大学生劳动教育的科学化趋势。

二是研究方法新。劳动教育既是个时代命题，也是个有着悠久历史的教育课题。开展劳动教育不能割裂历史来讨论今天的问题，本研究创新性地以历史研究法审视中国共产党成立以来劳动教育模式的探索和经验得失，总结出四种典型的大学生劳动教育模式，并以此为切入点，进行新时代大学生劳动教育模式的创新研究。将劳动教育放在思想政治教育的视域下进行研究，明确大学生劳动教育的目标、内容、路径、模式及评价。从历史和现实两个视角出发，力求在新时代劳动教育模式的创新构建过程中，实现对历史上出现的几种典型的劳动教育模式的超越。

三是对劳动教育研究的时代化创新。新时代是本研究的重要背景和基本视野，呈现高校劳动教育的最新要求和动向。本研究在现实层面，回应当前大学生劳动教育模式的实施困境，有针对性地提出增强大学生劳动教育实效性的路径和方法，构建了三种顺应时代发展需要、符合教育规律、贴合学生成长特点的大学生劳动教育模式，即"具身化课程"劳动教育模式、"行动力导向"劳动教育模式和"职业化"劳动教育模式。从模式创新的角度提出了增强劳动教育实效性的科学对策，既有从长远考虑做出的宏观性战略思考，又有从具体操作层面提出的规范的实施措施，具有较强的实践创新性，利于推进大学生劳动教育的规范化和常态化。

第一章

劳动教育的概念界定和时代意义

第一章
劳动教育的概念界定和时代意义

一直以来,劳动教育在社会主义教育中占据重要位置。中国共产党自成立以来,一直高度重视劳动教育,将"劳教结合"作为根本宗旨贯彻落实,在革命、建设、改革等各个历史时期培养社会主义劳动者大军。迈入新时代,"全面建成小康社会,我国亿万劳动群众是主体力量"[①]。大学生劳动教育是建设新时代劳动大军的重要一环,因此,大学生劳动教育的含义、内容和实施等,理应跟随时代的脚步而不断发展。本章紧密结合当前的政治经济状况,着力厘清"劳动教育"的内涵和外延,剖析大学生劳动教育的时代价值,具有重要的理论和现实意义。

一、劳动教育的概念界定

大学生劳动教育是马克思主义劳动教育观时代化、长效化、科学化的必要途径。本节的主要内容是在剖析大学生劳动教育的上位概念——劳动的含义的基础上,从目标、内容和实施三个方面,进一步理解劳动教育,分析探讨大学生劳动教育的时代内涵。

(一) 劳动的含义

劳动就是"劳动力的使用",而劳动力则是"一个人的身体即活的人体中存在的、每当他生产某种使用价值时就运用的体力和智力的总和"[②],马克思指出,"劳动首先是人和自然的过程,是人以自身的活动来中介、调整和控制人和自然之间的物质变换的过程。"[③]马克思在其劳动观中提出了"异化劳动"的概念。马克思用"异化劳动"来概括私有制条件下劳动者同他的劳动产品及劳动本身的关系。具体而言,"异化劳动"是指资本主义不平等的生成关系中对劳动的异化。马克思还提出了一条更重要的关于劳动的观点:劳动是促成人的全面自由发展的唯一途径,而要实现人的全面发展的劳动不是异化劳动,而是"真正自由的劳动",真正的劳动"是积极的、创造性的活动"[④]。"真正自由的劳动"指的是,在劳动中人"不仅使自然物发生形式变化,同时他还在自然物中实现自己

---

① 习近平.在知识分子、劳动模范、青年代表座谈会上的讲话[N].人民日报,2016-04-30(2).
② 马克思,恩格斯.马克思恩格斯文集(第五卷)[M].北京:人民出版社.2009:195.
③ 马克思,恩格斯.马克思恩格斯文集(第五卷)[M].北京:人民出版社,2009:207-208.
④ 马克思,恩格斯.马克思恩格斯文集(第八卷)[M].北京:人民出版社,2009:177.

的目的,这个目的是他所知道的。他必须使他的意志服从这个目的。"①这就体现出"真正自由的劳动"是劳动者思想性的反映。异化劳动没有教育的价值,只有"真正自由的劳动"才有教育的价值,只有这样的劳动才能实现人的全面自由发展。"真正自由的劳动":"(1)具有社会性;(2)这种劳动具有科学性,同时又是一般的劳动,这种劳动不是作为用一定方式训练出来的自然力的人的紧张活动,而是作为一个主体的人的紧张活动。"②马克思重塑了对劳动的认识高度,劳动是人类社会实践的一种特殊形式,是人类创造财富、创造价值的过程,更是人实现全面自由发展的唯一途径。

本书将劳动定义为一种创造价值的实践活动。劳动的要素包括劳动者、劳动对象和劳动工具三个方面。劳动方式包括体力劳动和脑力劳动。体力劳动通过对物质性的劳动对象的改造,创造出新的物质价值,如新栽种的农产品、新制作的手工艺品、整洁一新的环境改造、物质地理位置的转移等等。脑力劳动则是一种非物质劳动,脑力劳动的形式包括学习、研究、写作、发明、试验、比较、总结、管理、组织、启发等,脑力劳动的对象往往是非物质性的,脑力劳动的成果包括知识、经验、数据、模型,还有劳动者的智力水平的提高、素质能力的提升、技术水平的提升等等。劳动是一种创造性活动。在新时代,由于单纯的体力劳动越来越多地被人工智能所取代,脑力劳动的创造性、独特性越来越被重视,脑力劳动在价值创造过程中的地位和作用以及所占比例也越来越大。在劳动者通过劳动工具改造世界、创造价值的过程中,人也在不断实现对自身的创造和超越。

(二) 劳动教育的概念

马克思通过观察儿童在工厂劳作的场景,结合其个人思考,得出教育应和物质生产相结合的论断。这是最早的教育和物质生产相结合的观点,也奠定了后来劳动教育发展与完善的理论和思想基础。马卡连柯认为"劳动过程在教育上是中立的过程"③,"劳动最大的益处还在于人们的道德上和精神上的发展。这种精神的发展是由和谐一致的劳动产生的。"

本书认为,劳动教育是通过教育的手段,激发劳动对人的价值观、动手实践

---

① 马克思,恩格斯. 马克思恩格斯文集(第八卷)[M]. 北京:人民出版社,2009:208.
② 马克思,恩格斯. 马克思恩格斯文集(第八卷)[M]. 北京:人民出版社,2009:174.
③ 马卡连柯. 马卡连柯全集(第一卷)[M]. 北京:人民教育出版社,1958:859—860.

第一章
劳动教育的概念界定和时代意义

能力、精神品质的塑造潜能,进而释放劳动的育人价值的过程,其根本目的是实现受教育者的全面自由发展。劳动教育的基本要素包含教育者、教育对象、教育资源、教育目标、教育手段等。接下来,本书从价值导向、目标导向、实施手段和评价标准四个维度对劳动教育的概念进行解读。

从价值导向看,劳动教育是体现育人目标的一种教育活动。劳动教育的价值是随时代发展和教育语境不断发展的。在新中国劳动教育的发展过程中,劳动教育的价值定位,经历了从"必须为无产阶级政治服务"到"为社会主义现代化建设服务"的转变,后又发展为新时代的表达,即"培养社会主义建设者和接班人"。虽然劳动是劳动教育的内容,但是不能简单地把生产性劳动直接等同于劳动教育。教育是劳动教育的本质,生长性是其属性。马卡连柯提出"劳动过程在教育中是中立的过程"[①],意思就是说,劳动教育中的劳动既是教育的内容,又是教育的目标,又是教育的过程,它是教育环节中的一个要素,需要站在教育学的视角被审视、设计和组织。

从目标导向看,劳动教育的目标是人才培养,是教育对象劳动素养的提高。自中国共产党领导高等教育以来,劳动教育的育人目标的表述也与时俱进。从"使广大中国民众都成为享受文明幸福的人"[②]到"传授工农服务业生产、社会公益劳动和日常生活劳动中最常用的科学技术知识,培养相应劳动技能",再到培养"德智体全面发展的有社会主义觉悟的有文化的劳动者"进而到培养"德智体美劳全面发展的社会主义建设者和接班人"[③]。新时代,培养"德智体美劳全面发展"的社会主义劳动者是劳动教育的首要目标。劳动教育的程度和水平与新时代建设者的精神面貌、价值取向和技能水平等息息相关。

从实施手段上看,劳动手段为劳动的目标服务,劳动手段的选择和运用着眼于对劳动对象的改造效果、对创造价值的作用,劳动教育手段的选择则着眼于人才培养的效果。劳动本身就是劳动教育的一种手段和过程的选择。从广义上讲,劳动是劳动教育的手段,包括体力劳动的实践和脑力劳动的学习、思考、体会和总结提高,但是从狭义上说,劳动实践是让学生在劳动教育中学会劳动的一种教育手段。近百年来,我国劳动教育在实施过程中,曾借助勤工俭学、义务劳动、社会实践等多种手段来实施劳动教育。进入新时代,通过在生活中

---

① 邱国梁. 马卡连柯论青少年教育[M]. 北京:中国青年出版社,1984:72-73.
② 毛泽东. 毛泽东同志论教育工作[M]. 北京:人民教育出版社,1958:15.
③ 辛晓青,左晓晨,李颖芳. 中国共产党百年劳动教育政策的演进逻辑和未来展望[J]. 继续教育研究,2022(1):17-23.

组织开展日常劳动教育、在生产中开展专业劳动教育以及在社会服务中开展劳动教育这三种途径来实施劳动教育。

从评价标准看,劳动教育的评价标准则是人才培养的成果,即被教育对象的变化和成长。而劳动评价标准主要体现在劳动成果和劳动效率上。不管是物质生产的劳动,还是精神生产的劳动,都会有劳动成果作为输出,并且可以以劳动成果的情况来评价劳动生产效率。劳动教育要求学生在劳动素养方面得到提高,包括认识层面、价值观层面、技能层面等。不能简单地将学生在劳动教育过程中创造的体力或脑力劳动成果,如种植的农作物或者原创的精神产品等,作为评价劳动教育成果的单一指标,而应当全面客观地评价学生的综合劳动素养增量。

(三)大学生劳动教育的目标、内容及实施

新时代大学生劳动教育的目标、内容和实施方式决定了劳动教育产生科学化、长效化、时代化的成效。从目标上看,大学生劳动教育是为了劳动的教育,是育人总体目标与学生专业特长的统一;从内容安排上看,大学生劳动教育是关于劳动的教育,是价值性与规律性的统一;从实施途径上看,大学生劳动教育是经由劳动的教育,是促进学生全面发展与激发学生个性特长的统一。

大学生劳动教育的目标是为了劳动的教育,是育人总体目标与学生专业特长的统一,在完成育人总体目标的基础上凸显大学生劳动教育的专业性。劳动教育的育人总体目标是促进学生德智体美劳全面发展。通过培育马克思主义劳动价值观,引导青年学生把个人追求与为国家谋复兴和为人民谋幸福紧密相连。通过学会"谋生劳动"到"实现体面劳动、全面发展"[①],大学生掌握为社会服务的本领。具体体现在,在新时代数字劳动、智能劳动、虚拟劳动等一系列高科技劳动形态涌现的现实下,大学生熟练掌握专业技能,满足社会发展以及劳动岗位对高素质劳动者提出的新要求。大学生劳动教育具有准职业性特点,必须面向真实的生活世界和职业世界。在校期间,大学生接受劳动教育、培育创造性能力、培养诚实守信劳动意识,成长为一名合格的新时代建设者。

大学生劳动教育的内容是关于劳动的教育。教育内容的选择是根据特定的教育价值观及相应的课程目标,从学科知识、当代社会生活经验或学习者的

---

① 习近平.在庆祝"五一"国际劳动节暨表彰全国劳动模范和先进工作者大会上的讲话[N].人民日报,2015-4-29(2).

经验中选择课程要素的过程。① 简单地阐释,大学生劳动教育内容,就是以确保大学生劳动教育目标的实现为准则,对大学生劳动教育进行具体安排。大学生劳动教育的内容也是大学生劳动教育内涵的具体体现。

大学生劳动教育的内容的确定,是价值性与规律性的统一。要从充分体现劳动教育的价值、符合教育和人才成长的规律、符合新时代学生特点的角度,综合设计劳动教育内容。以培养合格的社会主义建设者和接班人为价值目标的劳动教育,应突出大学生劳动教育的政治价值规定性,将培育马克思主义劳动观作为劳动教育不变的意识形态指向。在完善的劳动教育体系设计中,帮助大学生树立马克思主义劳动观,将马克思主义劳动观作为培育"德智体美劳"全面发展的时代新人的教育根基。针对青年一代不爱劳动、不会劳动、不尊重劳动、不珍惜劳动成果的现象,向大学生传播积极向上的劳动价值观,帮助他们深刻理解劳动是人类发展、历史进步的根本动力。

"劳动者是历史的创造者,是国家的主人。"从尊重教育规律和人才成长规律的角度来安排大学生劳动教育内容,让学生们理解到:尊重、热爱、创新劳动,是劳动者的价值基础、灵魂与核心。要结合大学生的年龄特点、专业进度,将职业道德、行业背景、就业观念等方面的教育内容融合起来,配合专业实习、校园生活、社会服务、社团活动等实践活动,锻造大学生自强不息的品格。从而培育大学生高尚的劳动情怀,勤恳诚实劳动,树立正确的就业观、创业观,厚植劳动最光荣、劳动最崇高、劳动最伟大、劳动最美丽的思想观念。

大学生劳动教育的实施途径是经由劳动的教育,是促进学生全面发展与激发学生个性特长的统一。劳动教育是与"劳"相关的教育,所以从实施方式上讲,主要是通过实践的方式来展开,即是经由劳动开展的教育。新时代大学生通过必要的劳动实践环节,掌握基本的劳动技能,促进自身全面自由的发展,并且在实践过程中激发个性特长。

大学生劳动教育的组织方式包括在日常生活中组织劳动教育、在生产实践中组织劳动教育以及在社会服务中组织劳动教育。在日常生活中组织劳动教育包括学生自主生活能力教育和家务教育两个层次。劳动来源于生活,生活离不开劳动。大学生要在平时的日常生活中,实践整理宿舍内务、独立处理个人事务、勤工助学等,培养自立自强的品质,养成良好和健康的劳动习惯。在家庭生活中,承担必要的家务劳动,孝敬父母,在营造温馨和谐的家庭氛围的过程

---

① 张华.论课程选择的基本取向[J].外国教育资料,1999(5):25-31.

中,培养热爱劳动、尊老爱幼的家庭美德。

在生产实践中组织劳动教育。随着社会的发展,"要求劳动者不仅具备专业技术能力,同时具备复合素质"①,大学生劳动教育的专业性、准职业性、创新性在生产劳动的组织形式中得到充分彰显。生产劳动实践包括专业型生产劳动实践和创新型生产劳动实践。专业型生产劳动实践包括课程实习实训和顶岗生产实习。大学生通过在专业的劳动场所零距离接触职业世界,运用专业知识从事生产劳动,在熟悉、掌握劳动技能的过程中,提高思考问题、解决问题的能力。著名劳动教育理论学家苏霍姆林斯基曾经说过,"生产劳动不只是铲子和犁,而是一种思维。"②这句话的意思就是,在从事生产劳动中不只要学会劳动,更要学会思维、学会创造。新时代,劳动工具加速更新换代,同时新型劳动形态不断涌现,我们应立足于创新型生产劳动实践培养学生的创新意识、创新能力,培育出符合时代发展需要的复合人才。具体可组织学生参加大学生创新创业大赛、大学生挑战杯、创青春、"互联网+"大学生创新创业大赛、职业生涯规划大赛等赛事。通过产教融合,组织探究式、互动式、项目式的生产劳动实践,充分挖掘学生的个性特点,提高学生专业实践技能与发现问题、创造性解决问题的能力。

邓小平指出,学生在学校参加劳动,不要以赚钱为目的,否则学生容易太计较个人利益的得失,这不利于达到良好的劳动教育效果。这就是说,要教会学生感受劳动超越生存的崇高意义,"让那种要为社会带来利益的愿望激励孩子去劳动",在服务他人、服务社会的过程中激发出社会责任感,进而实现人生价值与社会价值。

在社会服务中开展劳动教育具体包括参加志愿服务、公益服务等劳动。在校园内的公益服务包括,校园内包干区清洁、志愿服务岗、图书馆、食堂等的公益服务岗位,疫情防控期间的各类抗疫志愿服务岗,以及与劳动相关的社团、组织、调研活动等等。在社会参加公益服务包括,大学生结合自己的专业特长参加支教扶贫、西部计划、"青年红色梦想之旅",参加"三下乡"社会实践服务,力所能及地参加抗疫救灾,参加救助社区孤寡老人、残障人士等志愿劳动。通过发挥自己的专业特长,为社会做贡献,增长智慧、锻炼才干,实现德智体美劳全面发展。

---

① 曾天山,顾建军.劳动教育论[M].北京:教育科学出版社,2020:47.
② [苏]苏霍姆林斯基.怎样培养真正的人[M].蔡汀,译.1992:146.

二、大学生劳动教育的时代意义

新时代是中国人民接续奋斗,努力实现中华民族伟大复兴的时代。劳动教育对大学生而言具有独特的综合育人价值;对高校而言,事关立德树人根本任务的落实;对国家而言,对培养社会主义建设者和接班人,实现中华民族伟大复兴大业具有重大价值。

(一)劳动教育促进大学生全面发展和职业价值实现

劳动教育是促进大学生全面发展的根本途径,通过全面提高大学生综合劳动素养,促进大学生进入社会后实现高质量就业,实现职业价值。

1. 劳动教育促进大学生全面发展

马克思科学社会主义认为,劳动是人实现自由而全面发展的根本途径。通过劳动实践,改造环境、改造人类社会,进而实现对自身改造和超越的历史运动过程,就是通过劳动实现人的全面发展的过程。学校以教育与生产劳动相结合的思想为指导,开展劳动教育,造就学生的全面发展,培养大学生独立健全人格,帮助其适应社会生活,成为国家社会需要的栋梁之材。大学生在劳动中养成良好的思想品德,增长智慧才干,锤炼健康体魄,学会体会美、追求美、创造美。

以劳树德。劳动教育提高大学生的思想道德素养,培养学生的个人品德。劳动教育能帮助学生树立共产主义远大理想和中国特色社会主义共同理想。共产主义是"人向自身,也就是向社会的即合乎人性的人的复归,这种复归是完全的复归,是自觉实现并在以往发展的全部财富的范围内实现的复归"[1],实现这样的复归,就是要将劳动内化为自己全面发展的内发需要,成为以自身成长为中心的自由劳动,从而克服了劳动的异化,实现了人的全面自由的发展。在马克思主义者看来,劳动教育的本质目标是也只能是:通过适当的教育途径培育具有健康劳动价值观、追求社会正义、实现体力脑力结合,以及养成具有自由个性的"全面发展的人"。培育大学生积极的劳动精神,热爱劳动、尊重劳动。深刻认同通过自己的双手创造幸福的未来;勤于劳动,不怕吃苦;在日常生活中养成良好的劳动习惯和品质,树立正确的财富观,诚实劳动。在社会主义劳动

---

[1] 马克思,恩格斯. 马克思恩格斯文集(第一卷)[M]. 北京:人民出版社,2009:185-186.

教育中,将学生作为人的全面自由发展作为最高目标,充分考虑学生个性和共性的统一,培养学生的社会责任感和担当,在实践中体会自身对家庭、学校和社会的贡献和担当,坚定共产主义伟大理想。

以劳增智。人通过劳动可以认识世界、改造世界。人类不断开拓新的劳动范畴,而新的劳动范畴又反过来促进人类认识世界,所以说,劳动与智慧是密不可分的。实践出真知,大学生通过劳动实践将所学知识内化,从而更好地改造世界。著名教育家陶行知曾提出"行是知之始,知是行之成"这一实践出真知的教育理念,强调"没有亲知做基础,闻知实在接不上去""亲知为闻知必要条件",极大地推动了教育与生产实践的结合,丰富了教育实践育人的理念,提升了劳动教育的实效性。另外,陶行知还大力提倡劳动教育应谋求手脑相长。他认为,"中国有两种病,一种是软手软脚病,一种是笨头笨脑病",这种病在精神在文化,破解之道却在教育。他倡导通过劳动教育,提升动手能力,来获取知识,增长智慧。美国当代政治学家、国家科学院院士、哈佛大学教授罗伯特·帕特南曾对比两所师资力量没有显著差别的中学,通过跟踪实验,得出如下结论:坚持参加动手实践的学生群体比未参加这些活动的学生群体,在阅读方面有明显的优势,升入较好的高一级学校深造的可能性翻了数倍。这说明劳动教育可以增长学生的智慧,帮助学生更好地掌握知识。

以劳强体。劳动是体育的起源,也是促进个体养成健康体魄的重要方法,通过劳动教育帮助大学生激发身体潜能、提高身体素质、增强身心健康。劳动与体育既有内在关联又有外在区别,劳动本身就具备身体运动的效果,劳动者(体力劳动者)挥动手臂、扬起铁锤或肩挑手提等劳动方式本身就包含了运动的基本形式。[1] 同时在劳动过程中大脑必须不断思考和调整行为以期达到最佳的劳动效果,这是劳动可以强体的前提。劳动在强身健体的同时,还有利于增强大学生的身心健康。当前社会竞争愈演愈烈,生活节奏日益加快,大学生又多是独生子女,很容易在这样的社会环境中产生心理问题。劳动教育让大学生在劳动过程中,提高社会适应性,培养其乐观开朗的性格,预防心理问题。大学生能从劳动成果中获得满足感、成就感,摆脱消极情绪,提高身心健康水平。

以劳育美。马克思认为"美是人的本质力量的对象化"[2],人类通过劳动实现这种对象化,在这个过程中"劳动生产了美"[3]。人的劳动与完全出于自身肉

---

[1] 刘良华.劳动的转型与体育的崛起[J].国家教育行政学院学报,2018(10):16-21.
[2] 蒋孔阳.美和美的创造[J].学术月刊,1980(3):3.
[3] 马克思,恩格斯.马克思恩格斯文集(第一卷)[M].北京:人民出版社,2009:158-159.

体需求的动物活动不同,"动物只是按照它所属的那个种的尺度和需要来构造,而人却懂得按照任何一个种的尺度来进行生产,并且懂得处处都把固有的尺度运用于对象;因此,人也按照美的规律来构造"①。人把握其"尺度"的过程,就是结合自身发展的需要和客观环境的限制,将主观与客观相统一、将主体与客体相统一、创造美的过程。一方面,劳动教育促进大学生正确审美观的形成。帮助学生自觉抵制躺平主义、消费至上等不良社会思潮,筑牢劳动最光荣、劳动最崇高、劳动最伟大、劳动最美丽的审美观念。劳动实践能够使大学生在劳动中感受到其他劳动者兢兢业业的劳动态度、娴熟的劳动技能、面对困难从容不迫的劳动气质、林林总总的劳动成果等带来的美感,感受到劳动者们的创造和智慧之美,从而矫正自己的审美取向、升华自己的审美观。劳动实践能够使大学生认识到绚丽多彩的服饰、风味各异的美食、雄伟壮丽的建筑、智能优质的交通交流工具均是通过踏实劳动创造出来的。劳动之美,美在传承了数千年的勤劳品质;劳动之美,美在追求完美的工匠精神;劳动之美,美在共筑中国梦的团结力量。另一方面,大学生在劳动教育中提升审美能力。马克思认为,审美认识与审美活动依赖人类社会而存在,生产劳动是认知美的基本方式。学校劳动教育中,大学生在掌握基本劳动技能、进行劳动实践的过程中感何为美,并享受其中。劳动教育帮助大学生在劳动中感受美好,享受创造,体验收获,进而提高审美素养,学会什么是真正的美,什么是有长久影响力和魅力的美,学会理解美、欣赏美和评价美。

2. 劳动教育帮助大学生高质量就业与职业价值实现

劳动教育帮助大学生高质量就业。大学生劳动教育比中小学劳动教育具有更强的职业指向性特点。大学生参与到社会劳动当中的"准职业性"实践环节,充分体现出其实践性特征。大学生不仅需要具备广博的知识,更要树立正确的劳动观和就业观,做好进入职业世界的充分准备。《意见》《纲要》中明确规定,劳动教育内容分为日常生活劳动教育、生产劳动教育、服务性劳动教育。其中生产劳动实践是在专业学习的基础上,大学生亲身体验工农业生产过程、增强产品质量意识、体会平凡劳动中的伟大的实践活动。生产劳动实践是连接专业学习与就业岗位的重要纽带,通过生产劳动实践,大学生可以将专业知识应用到劳动实践中,有利于帮助大学生加深对专业的热爱和提高对专业的兴趣、掌握一技之长,为毕业以后高质量就业打下坚实的基础。

---

① 马克思,恩格斯. 马克思恩格斯选集(第一卷)[M]. 北京:人民出版社,2012:57.

劳动教育帮助大学生更好地实现职业价值。积极推进"专业+",即以劳动教育推进专业学习和就业市场更好地融合,在专业教学实践中融入劳动观和工匠精神的教育,让专业教育更接地气。这在提升高校专业建设与国家发展需求吻合度的同时,促进高校专业培养目标的达成,也帮助毕业生更好地适应就业市场,提高大学生作为劳动者的岗位适配度,更好地实现劳动者的职业价值。大学生在专业学习中磨炼劳动意志,培养劳动技能,在劳动中检验专业知识,实现学以致用、知行合一。如工科、农学、医学专业的学生只有通过生产劳动,才能更深入地检验所学的理论知识,才能更深入地体会所学专业的社会价值。"艺术源于生活又高于生活",文艺工作者只有经过真实劳动实践的磨炼,才能更贴近群众、贴近生活,创作出更多群众喜爱、市场接受的文艺作品。

(二)劳动教育促进高校提高人才培养质量

新时代背景下,开展大学生劳动教育是守正创新、贯彻党的教育方针的重要举措。劳动教育促进高校提高人才培养质量,是高校坚持社会主义办学方向的应然选择和落实立德树人教育目标的应有之义。

1. 劳动教育是坚持社会主义办学方向的应然选择

劳动教育是中国特色社会主义教育特色的重要体现。具体来说,劳动教育必须坚持马克思主义,坚持扎根中国大地办教育和办人民满意的教育。坚持什么样的办学方向,关系教育事业兴衰成败和社会主义现代化建设全局。我国的高等教育必须保持好中国特色社会主义教育的根本性、全局性、方向性问题,坚持马克思主义,坚持为人民服务。习近平总书记指出,马克思主义是我们立党立国的根本指导思想,也是我国大学最鲜亮的底色[1]。马克思主义是我国教育的旗帜和灵魂,社会主义教育必须在高校培养一批青年马克思主义者。习近平总书记在纪念马克思诞辰200周年大会上指出,要学习和实践马克思关于人类社会发展规律的思想,关于坚守人民的思想,关于生产力和生产关系的思想。这些都是大学生劳动教育的内涵所指。马克思主义劳动观回顾人类发展过程,通过观察工场的童工劳动为切入口,开创辩证唯物主义理解劳动,以社会经济学观点揭露和批判资本主义劳动的异化,以科学社会主义的观念指导人们通过劳动实现全面而自由的发展。大学生的劳动实践是对马克思辩证唯物主义认识规律和实践论的身体力行。大学生通过劳动教育,立志到祖国和人民需要的

---

[1] 习近平. 在北京大学师生座谈会上的讲话[N]. 人民日报,2018-05-03(2).

地方去施展抱负,干事创业,是在用实际行动增强"四个自信"。

劳动教育是扎根中国大地办教育、办人民满意的教育的必然选择。习近平总书记指出,中国的事情必须按照中国的特点和中国的实际来办,这是解决中国所有问题的正确之道。脱离了中国的历史,脱离了中国的文化,脱离了中国人的精神世界,脱离了当代中国的深刻变革,是难以真正认识中国的。[①] 中华民族守诚信、求大同,人生在勤、不索何获,精益求精、敬授民时等文化精华绵延不绝,优良的劳动传统和深厚的劳动思想精髓是高校开展大学生劳动教育的自信之源。劳模精神、劳动精神、工匠精神是以爱国主义为核心的民族精神和以改革创新为核心的时代精神的生动体现[②],是大学生劳动教育的生动教材和现实榜样。大学生劳动教育要用劳模的干劲、闯劲、钻劲鼓舞和激励广大青年学生投身时代奋斗的洪流,共同营造尊重知识、尊重劳动、尊重人才、尊重创造的良好社会氛围。

2. 劳动教育是高校落实立德树人的应有之义

2016年12月,习近平在全国高校思想政治工作会议上提出"要坚持把立德树人作为中心环节"[③]。劳动教育具有思想政治教育属性,是高校落实立德树人的根本途径和应有之义,从目标定位、内容安排、评价标准上对标立德树人根本任务。

劳动教育紧扣立德树人的目标指向。人无德不立,立德是树人的前提,育人的根本在于育德,育人的目标是德才兼备方为人。要培养对社会有用的栋梁之"才",就要关注学生的全面发展。新中国成立以来,党的教育事业始终坚持教育与生产劳动相结合。2018年,全国教育大会明确"五育并举",打开了劳动育人的新格局,"劳育"是五位一体全面育人体系的重要组成部分。劳动教育是树德、增智、强体、育美不可或缺的关键环节,是人走向至善至美、自由而全面发展的实践指向。

劳动教育的内容安排体现立德树人目标。习近平总书记在2018年9月的全国教育大会上强调六个"下功夫",这是做好青年人才培养的方向,也是劳动

---

① 习近平.出席第三届核安全峰会并访问欧洲四国和联合国教科文组织总部、欧盟总部时的演讲.[M]北京:人民出版社,2017:45.
② 习近平.在庆祝"五一"国际劳动节暨表彰全国劳动模范和先进工作者大会上的讲话[N].人民日报,2015-04-29(2).
③ 习近平.把思想政治工作贯穿教育教学全过程 开创我国高等教育事业发展新局面[N].人民日报,2016-12-09(1).

教育内容安排的发力点。其一，在坚定理想信念上下功夫。高校劳动教育以马克思主义劳动观为指导思想，深刻理解社会主义代替资本主义的必然性，树立正确的社会主义劳动观、集体观、奋斗观，树立为中国特色社会主义共同理想奋斗的信心和决心。其二，在厚植爱国主义情怀上下功夫。建国初期我国就将"爱祖国、爱人民、爱劳动、爱科学、爱护公共财物"确定为中华人民共和国人民的公德。高校劳动教育的内容建设要涵养大学生勤劳勇敢、自强不息的民族精神。只有通过不懈劳动才能不断创造物质财富与精神财富，与祖国同呼吸、共命运，实现伟大复兴中国梦。其三，在加强品德修养上下功夫。克勤克俭是中华民族优秀传统，高校劳动教育应汲取中华优秀传统文化的营养，以浑厚的文化底蕴涵养大学生品德修养，引导大学生学会劳动、学会勤俭、学会自律。其四，在增长知识见识上下功夫。实践是检验认识真理性的唯一标准，劳动教育引导大学生从书本中走出来，既读有字之书，也读无字之书，通过实践开拓视野、探索钻研、链接职场、获得真知。其五，在培养奋斗精神上下功夫。劳动教育带领大学生学习劳模先进事例，弘扬劳模精神与工匠精神，培养艰苦奋斗的劳动意志与敢为天下先的社会责任感。劳动教育培养大学生吃苦耐劳、艰苦奋斗、自强不息的劳动品格，塑造团结协作、乐观向上、只争朝夕的劳动精神，树立奋斗是青春最亮丽的底色、幸福是奋斗出来的劳动价值观。其六，在增强综合素质上下功夫。劳动教育恰是树德、增智、强体、育美的过程，劳动教育课程的内容安排要与思政课程、专业课程、体育课程和艺术课程以及大学生第二课堂内容充分融合，互为支撑，为落实立德树人目标提供功能支持。

劳动教育评价要以立德树人为准绳。劳动教育的评价，既包括对学生完成劳动教育目标和要求的情况的评价，也包括对高校劳动教育实施情况的评价，是劳动教育建设的重要环节。要充分发掘劳动教育各环节中的德育内涵，体现立德树人的评价准绳。对于参与劳动教育的学生的评价，要以立德树人目标的落实为准绳，要求大学生劳动素养的全面提升，而不仅仅局限于劳动理论的分数、劳动学时的完成。要求大学生在正确的劳动价值观引领下，运用劳动科学知识，开展时代化、操作性、创造性劳动探索，提高劳动产出，具备高尚的劳动情怀和积极的劳动精神。通过对大学生个性化、有建设性的评价，引导其为适应社会生活、职场生活做好充分的身心准备。对高校劳动的评价要着眼于大学生劳动素养的提高，以立德树人的落实为准绳。高校劳动教育相较于中小学的劳动教育，更加侧重于与未来职业世界的链接，帮助大学生在进入职场之前认识职业，学会自立。

（三）劳动教育促进良好社会风尚和民族复兴

新时代赋予劳动教育新的意义和使命,促进良好社会风尚的形成和中华民族伟大复兴。具体而言,劳动教育是培育和塑造大学生社会主义核心价值观的必然途径;是培养社会主义合格建设者和接班人的必然选择;是实现中华民族伟大复兴的必由之路。

1. 劳动教育是培育和塑造社会主义核心价值观的必然途径

劳动教育本身具有很强的思想政治教育属性,具有德育功能。德育,主要针对的就是价值观的塑造。大学阶段正是青少年塑造和稳定价值观的重要时期,加强大学生劳动教育是新时代培育和塑造社会主义核心价值观的必然途径。

大学是青年学生个人价值观塑造和稳定的重要时期。马克思主义实践观指出,人类在身体力行实践改造社会的过程中,也同时在塑造自身,形成主观世界看待客观世界的价值观。价值观在持续的身体力行实践过程中微调、稳定和固化。高校劳动教育帮助大学生更加明确自我,理解人生的意义所在,听从时代的感召,确立正确的人生目标,成为社会主义核心价值观的积极践行者。

在国家层面,社会主义核心价值观要求"富强、民主、文明、和谐"。劳动是实现国家富强、民主、文明、和谐的必选方式。践行社会主义核心价值观,必须紧紧依靠人民,依靠工人阶级,依靠劳动。大学生劳动教育培养热爱国家、热爱社会主义、追逐中国梦的劳动者,立志用劳动建设祖国,践行社会主义核心价值观。

在社会层面,社会主义核心价值观倡导"自由、平等、公正、法治"。通过劳动教育,培养青年学生的社会担当和责任感。劳动教导青年学生深刻地认识到把个人利益和公共利益结合起来;劳动教导青年学生在劳动中感受生命的艰辛,学会承担社会责任和义务;劳动教导青年学生在劳动中遵纪守法、营造平等互助、公平公正的法治劳动环境。将社会价值和个人价值相统一,才是有价值有意义的劳动。提高为他人为社会服务的本领,通过自己的劳动为社会贡献价值,才是一个有价值的人。

在个人层面,社会主义核心价值观弘扬"爱国、敬业、诚信、友善"。劳动教育帮助大学生正确理解劳动的内涵,大学生通过参加劳动主题的校园活动来体会劳动的价值。如开辟劳动试验田,亲身体验耕种的艰辛,体会每一粒粮食都来之不易,养成节约的习惯,尊重每一位平凡的劳动者的职业;或参与志愿服务、支教、垃圾分类等活动体会劳动的艰辛与收获的愉悦。大学劳动教育培养社会主义公民爱国爱党、爱岗敬业、甘于奉献、诚信劳动、团结协作,用脚踏实地的劳动践行社会主义核心价值观。

2. 劳动教育是培养合格社会主义建设者和接班人的必然选择

2018年,在全国教育大会上,习近平总书记明确提出将劳动教育纳入社会主义建设者和接班人的总体要求。劳动教育是塑造无产阶级世界观的重要方式,是集体主义教育的重要内容,这一观点得到社会主义国家的教育理论学家的充分认可。从教育的属性来看,劳动既是教育的内容,也是教育目的,劳动教育不仅让青少年在劳动中培养本领,更教育青少年保持国家主人翁的本色。

进入二十一世纪,作为先进生产力和先进文化的创造者和传播者,人才是第一资源,代表一个国家发展的核心竞争力。现代社会,只有全面发展的劳动者才能担负社会化大生产,这是现代社会生产的客观规律。当今时代是数字时代和多媒体时代,数字化给我们学习与生产的方式带来了质的改变,这对劳动教育提出了更高的要求。我们在丰富劳动教育内容的同时,更要思考劳动之于"人的全面发展"的重要意义,明晰劳动教育最根本的目标是培育社会主义劳动者。要通过劳动教育,帮助广大青年将所学知识转化为实际工作能力,"纸上得来终觉浅,绝知此事要躬行",帮助青年在劳动实践中达到知行合一,在真学实干中增体验、长才干。要通过劳动教育,弘扬劳动光荣、技能宝贵、创造伟大的时代风尚,提高人才培养质量,营造人人皆可成才、人人尽展其才的良好社会氛围。在劳动伟大、劳动美丽的氛围中,推进"内外结合"与"双管齐下",帮助广大青年学生成长为高素质、高技术、高技能的社会主义优秀建设者和可靠接班人。

正如习近平总书记所说"党和人民的事业发展离不开一代又一代有志青年的拼搏奉献"。"时代总是把历史责任赋予青年。新时代的中国青年,生逢其时、重任在肩,施展才干的舞台无比广阔,实现梦想的前景无比光明。"培养社会主义建设者和接班人、塑造新时代有为青年,劳动教育必将发挥着不可替代的作用。

3. 劳动教育是实现中华民族伟大复兴的必由之路

教育是"国之大计、党之大计",中国特色社会主义新时代标定新的历史方位,也赋予教育事业前所未有的重任。可以说,建设教育强国是中华民族伟大复兴的基础工程,而推进劳动教育则是助力中华民族实现伟大复兴的必由之路。

回望历史,太多的血泪经验和教训警示我们:国富才能民安,落后必然挨打。只有坚持劳动至上,才能实现富国强民,才能捍卫人民核心利益不受侵犯。回首近代百年屈辱史,为实现国家富强,无数仁人志士披荆斩棘地奋斗。"我们国家的发展前景十分光明,但道路不可能一帆风顺,蓝图不可能一蹴而就,梦想不可能一夜成真。"[①]一项项光荣而艰巨的事业,离不开一代又一代中国人的接续奋斗。劳动是财富的源泉,也是幸福的源泉。

国家富强是中华民族伟大复兴梦想的实现基础。目前,我国经济已由高速增长阶段转向高质量发展阶段,推进劳动教育,可以为中华民族从"富起来"迈向"强起来"提供高质量的人才基础,可以为建立现代化经济体系提供坚实的智力支撑,可以为经济转型升级培育新动能。正如习近平总书记强调的那样,我国工人阶级和广大劳动群众要更加紧密地团结在党中央周围,勤奋劳动、扎实工作,锐意进取、勇于创造,在实现"两个一百年"奋斗目标的伟大征程上再创新的业绩,以劳动托起中国梦。

教育对"提高人民综合素质、促进人的全面发展、增强中华民族创新创造活力、实现中华民族伟大复兴具有决定性意义"。建设教育强国、培养创新人才、促进民族振兴、实现国富民强,劳动教育的作用不容忽视。首先,劳动教育是教育主动适应经济发展需要的重要体现,可以为民族振兴提供物质基础。其次,劳动教育从中华优秀传统文化中汲取营养,为经济的良性发展提供可行的方式方法,为民族振兴提供文化基础。最后,通过劳动教育,推动人民为国家发展贡献力量、国家发展给人民带来实惠的双向互动,助力实现国家繁荣与人民幸福。

---

① 习近平.在同全国劳动模范代表座谈时的讲话[N].人民日报,2013-04-29(2).

第二章

劳动教育的理论渊源及经验借鉴

第二章
劳动教育的理论渊源及经验借鉴

大学生劳动教育承载着个人发展和社会进步的双重历史重任。劳动教育的理论渊源是劳动教育发展和创新的内在根据和根本逻辑。随着历史的发展和劳动教育的推进,多个国家都在劳动教育方面积累了丰富的理论成果和有价值的实践经验。无论是构建有中国特色的社会主义教育体系,还是开展健康的、有时代价值的劳动教育本身,我们都不能忽略向古代、近现代,向国内、国外劳动教育汲取有益的营养。辨析劳动教育的理论渊源,考察中外劳动教育的实践经验,为新时代大学生劳动教育的创新研究提供历史性借鉴。

一、劳动教育的理论渊源

劳动教育的理论渊源,概括来说可以分为三个方面:首先,中国传统文化中关于劳动精神的精髓和劳动实践规律的总结,是当代高校开展劳动教育的重要理论渊源,从精神深处奠定了大学生劳动教育的民族文化底色。其次,马克思主义劳动和劳动教育的思想,经历了多位马克思主义者的理论创新和长期实践,是大学生劳动教育的科学理论来源和思想基础。最后,教育学视野中的劳动教育理论,为开展大学生劳动教育提供了宝贵的理论支撑和智力支持。

(一)中国传统文化中的劳动与劳动教育观

习近平总书记指出,"中华文明源远流长,蕴育了中华民族的宝贵精神品格,培育了中国人民的崇高价值追求。自强不息、厚德载物的思想,支撑着中华民族生生不息、薪火相传,今天依然是我们推进改革开放和社会主义现代化建设的强大精神力量"[①]。中华民族自古以来热爱劳动、辛勤劳动、崇勤尚俭、尊重劳动者、珍惜劳动成果,通过辛勤的劳动,创造了辉煌的历史,铸就了灿烂的文明,在此过程中也形成了丰富而朴素的劳动思想。直到今天,这些思想的精华仍然具有普遍的教育意义,影响着一代又一代中国人为美好生活持之以恒地奋斗,并成为新时代劳动和劳动教育思想的智慧源泉。在长期的劳动实践中,中国古代劳动人民身体力行,逐步形成了崇尚劳动、热爱劳动,辛勤劳动、科学劳动,尊重劳动者、珍惜劳动果实的传统劳动文化。

---

① 习近平在北京会见第四届全国道德模范及提名奖获得者[J].内蒙古宣传思想文化工作,2013(10):4.

1. 崇尚劳动、热爱劳动

在中国古代,有很多体现崇尚劳动、热爱劳动、以劳动为美、展现劳动创造丰收的诗词。如《国风·齐风·还》中的诗句:"子之还兮,遭我乎峱之间兮。并驱从两肩兮,揖我谓我儇兮。子之茂兮,遭我乎峱之道兮。并驱从两牡兮,揖我谓我好兮。子之昌兮,遭我乎峱之阳兮。并驱从两狼兮,揖我谓我臧兮。"描写了劳动者矫健的身姿与勇敢拼搏的精神,抒发了对劳动的热爱、崇敬和赞美之情。《国风·周南·关雎》一诗:"参差荇菜,左右采之。窈窕淑女,琴瑟友之。参差荇菜,左右芼之。窈窕淑女,钟鼓乐之。"描写了青年男女一起劳动,收获生产资料和爱情的美好场景。《尚书·周书·无逸》中:"文王卑服,即康功田功。徽柔懿恭,怀保小民,惠鲜鳏寡。自朝至于日中昃,不遑暇食,用咸和万民。文王不敢盘于游田,以庶邦惟正之供。文王受命惟中身,厥享国五十年。"记述了周公追怀文王治时,赞扬文王穿着朴素衣服,与百姓一起参加田间劳动,从早干到晚,甚至顾不上吃饭的场景。南宋范成大《四时田园杂兴》一诗:"昼出耘田夜绩麻,村庄儿女各当家。童孙未解供耕织,也傍桑阴学种瓜。"诗人用清新的笔调描绘了一幅普通的农村家庭夏日劳动生活的惬意场景。男人、女人和孩子各司其职、各自劳动,年幼的"童孙"虽然不会耕也不会织,却也不闲着,也在桑树底下学习种瓜。普通劳动者从小耳濡目染,从事劳动,体现了古代劳动人民代代传承的对劳动的挚爱。东晋陶渊明的《归园田居》:"种豆南山下,草盛豆苗稀。晨兴理荒秽,带月荷锄归。道狭草木长,夕露沾我衣。衣沾不足惜,但使愿无违。"描写了诗人种豆南山、带月荷锄的劳作乐趣,描述了诗人归隐田园、返璞归真的朴实愿望。

2. 辛勤劳动、科学劳动

中国古代劳动人民崇尚辛勤劳动。南宋诗人翁卷创作的七言绝句《乡村四月》:"绿遍山原白满川,子规声里雨如烟。乡村四月闲人少,才了蚕桑又插田。"描写了古代劳动人民根据季节变换从事不同种类农业劳动的场景。诗人的笔触细腻,描绘江南大地的景致意境悠远,有声有色,展现了对劳动的热爱,对劳动人民辛勤劳动、科学劳动的赞美。唐代雍裕之的《农家望晴》:"尝闻秦地西风雨,为问西风早晚回。白发老农如鹤立,麦场高处望云开。"描写了古时西北的白发老农无奈于恶劣的天气,他们虽然心情焦灼仍然辛苦劳作的场景。唐代白居易的《观刈麦》:"田家少闲月,五月人倍忙。夜来南风起,小麦覆陇黄。妇姑荷箪食,童稚携壶浆,相随饷田去,丁壮在南冈。足蒸暑土气,背灼炎天光,力尽不知热,但惜夏日长。复有贫妇人,抱子在其旁,右手秉遗穗,左臂悬敝筐。听其相顾言,闻者为悲伤。家田输税尽,拾此充饥肠。今我何功德,曾不事农桑。吏禄三百石,岁晏有余粮。念此私自愧,尽日不能忘。"描写了五月麦收农忙季节的场景:男子在田间劳作,年迈的父母和儿童去送饭,他们双脚受着地面热气的蒸烤,脊背上晒着酷热的太阳,精疲力竭不知炎热,只知珍惜夏日天长,展现了古代劳动人民不怕困难,辛勤劳作的场景。

中国古代劳动人民尊重农业生产规律,崇尚科学劳动。《虞书·尧典》作为《尚书》的首篇,在开篇赞颂尧的历史功绩时,还用了很大篇幅记述了尧为了发展生产,制定历法的故事。其中明确指出:"历象日月星辰,敬授民时。"即制定历法的目的是让百姓能够按照时令从事生产活动。有了历法,人们就有了生产活动的时令指导,"日中,星鸟,以殷仲春。厥民析,鸟兽孳尾"。即依照昼夜时间相等和黄昏时鸟星出现在南方,确定了仲春时节,百姓们在这个时候就要到田野上耕作了,鸟兽也开始繁殖、生育,体现了对农业生产规律的尊重。阮元《吴兴杂诗》:"交流四水抱城斜,散作千溪遍万家。深处种菱浅种稻,不深不浅种荷花。"描述了水深处适合种菱、水浅处适合种稻子,不深也不浅的地方适合种荷花的耕种规律,展现了古代劳动人民尊重客观规律,利用大自然的天然条件,科学开展农业生产的景象。

中国古代劳动人民,通过改进农业生产工具,提高农业劳动生产率。《后汉书·张让传》记载,汉灵帝时,"又使掖庭令毕岚铸铜人四列于仓龙、玄武阙。又铸四钟,皆受二千斛,县(悬)于玉堂及云台殿前。又铸天禄虾蟆,吐水于平门外桥东,转水入宫。又作翻车渴乌,旋于桥西,用洒南北郊路,以省百姓洒道之费"。毕岚创造的"翻车",据考证就是我国乡村中直至现代还在使用的龙骨水车的前身。翻车能大量引水,开我国水车历史之先河,是古代劳动人民改进劳动工具、提高劳动生产效率的佐证。宋代苏轼的《无锡道中赋水车》:"翻翻联联衔尾鸦,荦荦确确蜕骨蛇。分畴翠浪走云阵,刺水绿针抽稻芽。洞庭五月欲飞沙,鼍鸣窟中如打衙。天工不见老农泣,唤取阿香推雷车。"表现了劳动人民面对旱情,不绝望、不放弃,运用推水车辛勤劳作的场景。

3. 尊重劳动者、珍惜劳动果实

很多中国古代诗词都体现了对劳动者的尊重。《管子·霸形》记载:"齐国百姓,公之本也。"即管仲认为百姓是国家的根本。在此基础上,管仲提出"本立则国固"。即劳动人民是立国之本,肯定了人民群众的历史地位。《秋浦歌十七首·其十四》:"炉火照天地,红星乱紫烟。赧郎明月夜,歌曲动寒川。"诗人李白在诗中描写了古代劳动人民在从事冶炼工作时克服高温等困难,奋力拼搏、热火朝天、蓬勃向上的劳动场面,生动展现了劳动人民夜以继日投入生产劳动的情景,令人感同身受、备受鼓舞。

调动农民的生产积极性。《管子·乘马》中记载:"道曰,均地,分力,使民知时也。民乃知时日之蚤晏,日月之不足,饥寒之至于身也。是故,夜寝蚤起,父子兄弟不忘其功。为而不倦,民不惮劳苦。故不均之为恶也:地利不可竭,民力不可殚。不告之以时,而民不知;不道之以事,而民不为。与之分货,则民知得正矣;审其分,则民尽力矣。是故不使而父子兄弟不忘其功。"管仲主张实行分户经营,实施"均地分利"政策,把土地折算分租,实行分户经营和与民分货的制度,一视同仁,以调动农民生产积极性。《荀子·法行》记载:"南郭惠子问于子贡曰:'夫子之门何其杂也?'子贡曰:'君子正身以俟,欲来者不距,欲去者不止。且夫良医之门多病人,檃栝之侧多枉木,是以杂也。'"主张不论出身,都应该接受教育,提高文化素质,展现了古代教师对提高劳动者文化素养的重视和实践。

珍惜劳动果实是中华民族的传统美德。劳动果实来之不易,是劳动人民用汗水换来的财富,凝结着劳动人民的勤劳和智慧。珍惜劳动果实,理解"一粥一饭当思来之不易",提倡勤俭节约,是尊重劳动、尊重劳动者的具体表现。如《诗经·周颂·丰年》通过阐发劳动人民对劳动果实的丰收进而阐发其对美好生活的向往:"丰年多黍多稌,亦有高廪,万亿及秭。为酒为醴,烝畀祖妣。以洽百礼,降福孔皆。"这是一首遇上好年成时举行庆祝祭祀的颂歌,表达了劳动人民对劳动果实的感恩之情。《尚书·洪范》在讲述"五行"时讲"稼穑作甘",将"可种植庄稼的土"与"甜味"联系起来。在讲述"八政"时,将"管理粮食"作为第一要务,还明确将"富"作为"五福"的重要内容,将"贫"作为"六极"的重要内容,充分体现了对劳动和劳动果实的尊崇。唐代诗人李绅的《悯农》一诗妇孺皆知,该诗描绘了烈日当空的中午,农民还在田里辛苦劳作的场景。"谁知盘中餐,粒粒皆辛苦"表达了诗人尊重劳动者、珍惜劳动成果的真挚情感。

中华民族传统文化中关于劳动教育的思想精髓至今仍闪烁着智慧的光芒。教育者高度重视劳动对塑造人的品格的重要作用,对提高劳动者文化素养进行了卓有成效的实践。劳动人民在劳动过程中,带领孩子一起参与和体验劳动,通过实际操作传授劳动技能的劳动教育方式到今天仍然值得推崇。通过掌握农业生产规律和改进农业生产工具来提高劳动生产率等思想,对当今劳动教育中推进科学劳动、实施创造性劳动教育也依然具有启发意义。

(二) 马克思主义关于劳动和劳动教育的思想

马克思对劳动的关注是马克思理论的主线。马克思从历史唯物主义、政治经济学、教育学等视角阐释了自己的劳动观,主要观点包括:劳动创造了世界、劳动创造了历史、劳动创造了人本身、劳动是人类实现全面自由发展的第一前提等。

中外历代马克思主义者在劳动教育的理论创新和实践方面做出了各有特色的贡献。马克思恩格斯关于劳动和劳动教育的思想为无产阶级劳动教育提供世界观和方法论层面的思想基础。列宁基于东方落后社会主义建设的背景,实践探索了社会主义劳动教育,将劳动教育放在了决定人才成长的重要地位,明确了苏俄劳动教育的内容和实施方法,并通过推进义务劳动等举措,引领了全社会热爱劳动、为社会主义建设做贡献的积极氛围,为培养一代共产主义青年提供了理论指导和实践指向。中国共产党成立以来,历任领导人都高度重视教育与生产劳动相结合,在不同的政治经济条件下,在继承中与时俱进,推动马克思主义劳动教育观的中国化和时代发展。毛泽东在领导中国革命和建设的过程中,将马克思主义普遍原理和中国实际相结合,产生了"教育与生产劳动相结合"的社会主义劳动教育思想,奠定了我国劳动教育的基本原则和方针,并在不同的历史时期开创性地实践了多种劳动教育形式。邓小平以"科学技术是第一生产力"的科学论断指引教劳结合的创新,在教劳结合的总体原则、目标和实施途径方面给出了时代性的论述和解答。江泽民在实现社会主义现代化的新时期,总结了劳动科学定位与劳动范畴外延新界定,坚持教育为社会主义发展服务,与时俱进地创新了劳动教育的新途径。胡锦涛在继承前一时期总体思想的基础上,进一步将劳动教育的重点落在学生的"劳动素养",特别是首创精神的培养上。习近平在新时代的历史方位,坚持、继承和发展马克思主义,立足我国的经济社会发展新格局,提出了关于劳动和劳动教育的新论断,将劳动教育上升到关系中华民族伟大复兴中国梦的、前所未有的战略地位,为新时代开展劳动教育提供了理论遵循和根本方向。

1. 马克思恩格斯关于劳动和劳动教育的思想

马克思恩格斯关于劳动和劳动教育的思想始于黑格尔的哲学。十九世纪二十年代,德国哲学家黑格尔创造性地把劳动的相关概念从经济学领域引入哲学领域,这就赋予了劳动哲学思辨的内涵。黑格尔关于劳动思想的思辨是:劳动是一种抽象的精神活动,是人的本质特征,是绝对精神在塑造世界时的外化。

法国空想社会主义者傅立叶则将劳动看作是一种"天赋人权",一种"娱乐活动",一种比跳舞和看戏更加诱人的事情。① 这些学说为马克思劳动观的形成提供了大量的理论支持。马克思批判地继承古典政治经济学家关于劳动的论述和空想社会主义关于劳动的论断,以及批判地吸收当时流行的黑格尔精神异化理论、费尔巴哈的宗教异化理论和赫斯的货币异化理论的基础上,通过大量研究、探索、实践和反思之后,创立、成熟和完善了马克思劳动观,即科学的劳动观。马克思在其著作《1844年经济学哲学手稿》中这样阐述劳动的内涵:劳动是人的本质,社会存在和发展的基础就是生产劳动。马克思认为:人理想状态的劳动是自由自觉的活动②。换言之,"整个所谓的世界历史不外是人通过人的劳动而诞生的过程,是自然界对人来说的生成过程。"③科学的劳动观是理解马克思恩格斯思想的一把钥匙,深刻理解马克思恩格斯关于劳动和劳动教育的理论,为我们探讨劳动教育提供了理论和思想武器。马克思的劳动理论从历史唯物主义、政治经济学和教育学的视角来阐释其独具特色的理论体系。

首先,从历史唯物主义的视角解读马克思主义劳动观。马克思的历史唯物主义本身就是用劳动的观点来认识和把握现实世界的发展,或者说,历史唯物主义正是在劳动发展史中才找到理解全部人类历史的入口。历史唯物主义一定程度上就是马克思的劳动史观。具体来看,在历史唯物主义的视域中,马克思认为人类劳动的基本价值是劳动创造人、劳动创造世界、劳动创造历史。为了在对自身生活有用的形式上占有自然物质,人就使他身上的自然力——臂力、腿、头和手运动起来。当他通过这种运动作用于他身外的自然并改变自然时,也就同时改变他自身的自然。④ 人是一种自然存在物,达尔文进化论证明人是由猿进化而来的高级动物。在动物转化成人的过程中,劳动起了不可或缺的作用,即恩格斯所解读的"劳动创造了人本身"⑤。通俗来讲,因为劳动,自然界得以产生出与它本身相区别并且对立的——一种有意识的对象性存在物,也就是人类。在这个过程中,劳动起到的作用有两个方面:一方面,劳动促进了人类各种器官的进化。因为劳动,人类手、足等器官必须动起来,早期的猿人历经了从偶尔到经常、从简单到复杂地运用工具来获取食物的过程。正是在这个过

---

① 杨国华.马克思的劳动概念与西方实践哲学源头[J].中国浦东干部学院学报,2013(6):102-105.
② 马克思,恩格斯.马克思恩格斯文集(第一卷)[M].北京:人民出版社,2009:163.
③ 马克思,恩格斯.马克思恩格斯文集(第一卷)[M].北京:人民出版社,2009:196.
④ 马克思,恩格斯.马克思恩格斯文集(第五卷)[M].北京:人民出版社,2009:208.
⑤ 马克思,恩格斯.马克思恩格斯文集(第九卷)[M].北京:人民出版社,2009:550.

程中,猿人或者类人猿的手逐渐变得灵巧并得以解放,同时运用工具的行为也直接锻炼了大脑,猿脑在劳动的过程中逐渐进化成人脑。另一方面,劳动促进意识和语言这两种人类最重要的社会交往工具的产生,助力人类获得诸如社会文化生活等一切人类独有的东西。从这个角度来说,劳动不仅帮助人类获得了满足生存需要的物质产品,还帮助人类作为主体的人的现实生成。

历史唯物主义从哲学的视角考察劳动的社会历史形态和价值,为大学生劳动教育提供了最核心的指导思想。正因为劳动在人类发展历史上起到的至关重要的作用,所以我们对劳动要满怀崇敬和热爱。尊重劳动者和劳动成果就是对人类历史的尊重,是对人自身的尊重,也是对未来的尊重。

第二,从马克思主义政治经济学视角解析马克思主义劳动观。马克思政治经济学提出了"异化劳动""剩余价值"等概念,揭示了资本主义的本质,勾勒出了社会主义的美好前景。马克思主义劳动观认为:商品价值的唯一源泉是劳动,资本主义的社会本性是劳动剥削,实现社会正义的重要原则是按劳分配。马克思在《资本论》中提出了较为完整的劳动二重论。创造商品价值的都是人的脑、肌肉、神经、手等生产耗费,都是人类劳动。[①] 各个商品的相对价值,是由耗费于、体现于、凝固于该商品中的相应的劳动数量或劳动量决定的。[②] 马克思在《1844年经济学哲学手稿》中提出了"异化劳动"的全新概念,并且阐释了"异化劳动"的四个特征:一是自然界同人相异化;二是人与自己的生产活动相异化;三是人与人的类本质相异化;四是人与人的相异化。[③] 在资本主义社会,劳动成为人对人摧残和伤害的手段,自由自觉的劳动是人的类本质,但是在私有制情况下,劳动无所谓自由,更无所谓自觉,不过是维持个人存在的手段罢了。劳动这种生命活动、这种生产生活本身对人类来说不过是满足一种需要即维持肉体生存的需要的一种手段。[④] 但是到了共产主义的高级阶段"劳动已经不仅仅是谋生的手段,而且本身成了生活的第一需要"[⑤]。马克思通过提出"异化劳动"概念,从哲学的高度论证了扬弃资本主义的必要性,从而论证了无产阶级的历史作用。在私有制下,劳动创造一切,劳动者却不占有一切,劳动所产生的对象,即劳动产品,作为一种异己的存在物,作为不依赖于生产者的力量,同

---

① 马克思,恩格斯.马克思恩格斯选集(第二卷)[M].北京:人民出版社,2012:121.
② 马克思,恩格斯.马克思恩格斯选集(第二卷)[M].北京:人民出版社,2012:169.
③ 马克思,恩格斯.马克思恩格斯选集(第一卷)[M].北京:人民出版社,2012:56-58.
④ 马克思,恩格斯.马克思恩格斯选集(第一卷)[M].北京:人民出版社,2012:56.
⑤ 马克思,恩格斯.马克思恩格斯文集(第三卷)[M].北京:人民出版社,2009:435.

劳动相对立。

马克思政治经济学开创性地揭示了劳动所具有的能够创造价值的根本特征。它启示劳动教育要培养学生躬身实践、脚踏实地，通过自己勤劳的双手创造价值。大学生要利用自己的专业所长为社会创造价值，掌握符合时代发展和市场需要的劳动新形态，并全力提高从事创造型劳动的能力与本领。

第三，马克思主义的劳动教育观认为：人类实现全面自由发展的第一前提是劳动。人的全面发展理论是马克思主义的基本核心理论，这也是马克思主义理论的最终出发点和落脚点。人的全面发展理论，是马克思立足于对资本主义私有制本质的深刻剖析，结合唯物史观，将政治经济学的深入研究与对人的全面发展的探讨结合起来，提出的具有开创性、实践性的伟大理论。

人类劳动的价值就在于：人不断地改造世界，并在此过程中推动人实现自身发展，其实质是人的自由性的不断拓展、延伸和全面实现。因此，从这个意义来说，劳动的发展与人的发展具有内在统一性。或者说，人或者人类社会，以劳动这种实践方式改造自然、创造社会生活和实现对自身生命本质性占有的历史运动过程，就是其自由性不断觉醒并走向全面发展的过程。劳动在人的生命起源过程中催生人最初的自由性：自由创造性劳动，即人以自由意志创造自身、创造环境、创造社会、创造历史的创造性劳动。马克思主义劳动观特别强调劳动对于人的生存的初始意义，肯定劳动的自由创造性催生人的自由性，进而实现人的自由全面发展。劳动生产力发展推动人类历史进步和人的自由性的普遍发展：劳动生产力是人类社会进步的根本动力，其自身印证了人的自由创造性，其历史性变革显现了人的自由创造力量不断地整体跃升，推动了人的自由性的普遍发展和人类社会的全面进步。劳动推动人自由全面充分发展，从劳动内容与劳动能力的结构体系来看，人通过劳动不断占有和发展自己的自由劳动能力。人的劳动能力发展，是体力劳动能力与智力劳动能力的统一性发展。人的体力展现具有鲜明的自然属性，但更内在地蕴含了其自然属性基础上深厚的精神性、文化性内涵。而智力是人脑活动的机能，作为人的内在精神力量，集中体现了人的思想、思维的本质力量。体力劳动和脑力劳动的分离，以及体力、脑力的各自片面发展在一定程度上都将限制和破坏人发展的全面性，只有提高人全面的劳动能力才能使人创造出更多的价值或财富。劳动作为人类实践活动的最集中表现形式或者手段，促进人的劳动能力的充分发展就意味着劳动的内容和形式达到了完整性、丰富性和可变动性，这无疑能够进一步实现人的自觉能动性、创造性和自主性的全面发展。

第二章
劳动教育的理论渊源及经验借鉴

人类的发展是人作为劳动主体的身心完整发展,是人的智性、德性和审美性等方面的自由性不断得到激发和超越的全面发展。人类自由性不断发展的过程,也是人类不断全面、充分发挥和发展主体自由力量的过程。自由性发展即人的主体性发展,其实质是人在劳动实践中不断走向以人自身为目的的全面发展。人们将劳动视为人的自身需要和自觉行为,是马克思对未来人类社会的设想。在这样的大同社会,人类的劳动不再是为了个人谋生、为社会创造财富和推动社会发展,而是着眼于人自身能力的发展。

体力劳动为人的自由发展提供了物质需要,而物质需要是人发展过程中的低级需要;我们更应该看到,脑力劳动促进了人实现全面自由发展过程中自我价值的实现,这是精神需要,也就是高级需要。物质与精神的需要对应了低级和高级的需要,这两种需要都在劳动的过程中得以融合,也是人的发展过程中的自然性需要与社会性需要的辩证统一。劳动在未来的共产主义社会,成为人全面发展过程中的第一需要,真正成为人全面自由发展的前提条件。马克思提出,实现人的全面发展的现实途径,就是教育的全面发展。劳动作为人类意识行为动作高度集中的一种实践活动,促进了人的自觉能动性、创造性的形成、完善与发展。由此,马克思认为"工人要发挥一定的劳动能力,要改变他的一般的天然才能,使他能够完成一定的劳动,他就得受训练和学习,也就是必须受教育"[1]。教育帮助他们摆脱分工所造成的个人的片面性。

关于劳动教育在人的全面发展中的体现,马克思指出"未来教育对于所有达到一定年龄的儿童来说,是生产劳动与智商和体育的融合,它不仅是提高社会生产的一种方法,而且是造就全面发展的人的唯一方法。"[2]这句话代表了马克思主义劳动教育观的基本观点。正如列宁所说:"没有年轻一代的教育和生产劳动的结合,未来社会的理想是不能想象的。无论是脱离生产劳动的教学和教育,或是没有同时进行教学和教育的生产劳动,都不能达到现代技术水平和科学知识现状所要求的高度。"[3]

马克思所指的教育与生产劳动相结合中的"劳动"必须兼具社会性、科学性和一般性。每一个人通过这样的劳动全面提升和展示自己全部的体力和脑力的能力,实现人的自由全面发展或者说实现解放。教育指的是真正立体的、全方位的教育,而不是狭隘的、局限的教育。这样的生产劳动同这样的教育的结合是个

---

[1] 马克思,恩格斯.马克思恩格斯文集(第五卷)[M].北京:人民出版社,2009:200.
[2] 马克思,恩格斯.马克思恩格斯文集(第五卷)[M].北京:人民出版社,2009:556-557.
[3] 列宁.列宁全集(第二卷)[M].北京:人民出版社,2017:461.

人全面发展的必由之路,也是马克思所说的造就全面发展的人的"唯一方法"。

马克思劳动观和劳动教育观为如何开展劳动教育提供了理论的出发点。马克思的"人的自由全面发展理论",就是我国长期坚持的教育方针中学生"德智体美劳"全面发展的理论来源。在这个方针中,劳动教育发挥了"树德""增智""强体""育美"的重要作用。我们开展劳动教育不能局限于某一项技能的传授,不应拘泥于某个劳动成果的显现,更要从教育的角度看劳动,着眼于学生的全面发展、长远发展和可持续发展,立足于对人的综合素质的提升。

2. 列宁关于劳动和劳动教育的学说

列宁在苏俄开展社会主义建设的实践中,结合当时的生产力和教育实际,继承马克思关于劳动教育的观点,批判了资本主义教育制度的虚伪,提出了具有开创性和实际意义的关于劳动和劳动教育的学说。这对培养苏俄社会主义劳动者、发展马克思主义劳动教育理论具有重要的理论意义,彰显出重要的时代价值。

列宁在继承马克思恩格斯关于劳动的观点的基础上,在其领导和建设社会主义实践中,进一步丰富并发展了马克思恩格斯的劳动观,表现在以下几个方面:

其一,列宁深入思考俄国农村劳动的问题。受农奴制的影响,当时俄国农村出现了雇佣劳动现象。农业技术的进步和大机器的使用,推动了一部分当时占有丰富劳动资源或者土地资源的农村人口发展演化为农业资本家。与之同时,贫穷的农民则只能靠出卖他们的劳动力谋生,这就是最早的农业工人。这为列宁提出工农联盟思想奠定了实践基础。

其二,列宁看到了教育对于激发劳动积极性和创造性的重要作用,从而深刻揭示了教育与劳动的关系。在《青年团的任务》一文中,列宁指出:"在一个文盲的国家里是不能建成共产主义社会的。"因此,他号召共青团员们,利用每一刻空闲时间去劳动,把俄国从贫穷落后的国家,转变成一个富裕的国家。他呼吁共青团员,要成为团结一致的自觉的劳动者,才能真正成长为共产主义者。因此,共产主义青年团成员应该把教育、训练、培养与工农劳动结合起来。要使人们从小就在自觉的有纪律的劳动中受教育,而这才是真正的共产主义教育。[①]

在劳动教育的实践方面,列宁提出义务劳动制度,这是苏俄在劳动教育和实践方面的一个创举。在《在俄共(布)莫斯科市代表会议上关于星期六义务劳

---

① 列宁.列宁全集(第三十九卷)[M].北京:人民出版社,2017:344-347.

动的报告》中,列宁阐释了共产主义同社会主义的区别,并在继承了马克思恩格斯的两种社会形态理论的基础上,做出了具有超越性的实践设想。列宁认为:"(社会主义)是新社会的初级形式。共产主义则是更高的社会形式……社会主义的前提是在没有资本家的帮助的情况下进行工作,是在劳动者的有组织的先锋队即先进部分施行最严格的计算、监督和监察下进行社会劳动,同时还应该规定劳动量和劳动报酬的劳动……这一切都是同真正共产主义经济背道而驰的。所谓共产主义,是指这样一种制度,人们习惯于履行社会义务而不需要特殊的强制机构,不拿报酬地为公共利益工作成为普遍现象。"①列宁推行星期六义务劳动制度,在广阔的社会学校中磨炼劳动者的素养。列宁指出,综合技术的原则不要求学习一切而要求学习现代工业的一般原理。"因而,在学校中学习主要生产部门的工作,应该限于学习现代工业生产中的一般科学原则。而后,这些知识就可大大有利于了解任何生产类型、任何工业部门。"②

其三,列宁在以保护劳动者合法利益为目的的导向下,形成了形式多样、内容丰富的劳动保障观。他提出确保劳动者最低工资标准、保证人民基本的生活水平、加强劳动纪律和监察等保障劳动者权利的观点。

3. 毛泽东的劳动教育观

毛泽东的劳动教育观的重要内容是"教育与生产劳动相结合"。这是在中国革命和建设的实践过程中逐步形成的,是马克思主义普遍原理与中国教育具体实际相结合的产物,奠定了我国教育的基本原则、方针、内容和方法,并作为社会主义教育的原则和基本精神一直被继承和发展。

毛泽东充分肯定了劳动对生产发展的重要性。看到旧的教育制度的腐朽和弊端,毛泽东将劳动教育的基本目标定位于为中国革命建设服务,培养各类急需人才。1934年,毛泽东在谈到苏维埃文化教育总方针时指出:"在于使文化教育为革命战争与阶级斗争服务,在于使教育与劳动联系起来,在于使广大中国民众都成为享受幸福的人。"③抗日战争时期,毛泽东提出民众教育与生产劳动相结合。1958年《关于教育工作的指示》颁布,毛泽东再次提出"教育必须为无产阶级政治服务,必须同生产劳动相结合。"④

毛泽东劳动教育思想具有显著的实践性,"把劳动教育看作解决理论脱离

---

① 列宁.列宁全集(第三十八卷)[M].北京:人民出版社,2017:36-37.
② M·H·斯卡特金,仲屏.列宁论综合技术教育[J].人民教育,1955(6):5-8.
③ 毛泽东.毛泽东同志论教育工作[M].北京:人民教育出版社,1958:15.
④ 毛泽东.毛泽东同志论教育工作[M].北京:人民教育出版社,1958:273.

实际问题的根本方式"①。毛泽东在《实践论》中指出:"经过生产活动,也在各种不同程度上逐渐地认识了人和人的一定的相互关系。一切这些知识,离开生产活动是不能得到的。"②毛泽东认为,世界上的知识有两种,一种是书本知识,一种是实践知识,只有能把两种知识融会贯通的人,才能称得上是知识分子。只有书本知识,或者只有普遍的理性的知识,或者只有感性的局部的知识,都是不全面的。要克服这两种片面性,唯一的办法就是"劳动人民要知识化,知识分子要劳动化。"③这就是说,知识分子要体验一线劳动,在田间地头汲取营养,才能更好地做学问;广大劳动者也要不断地在基层一线开展学习,提高劳动效率。

毛泽东结合中国教育国情,在不同的历史时期,实践了多种劳动教育的机制和模式。1920年,在《湖南自修大学组织大纲》中,毛泽东提出了"工读互助"的原则:"求知识与劳动两阶级之接近,应注意劳动。"在陕甘宁边区时期以及新中国成立后,实践了"半工半读""勤工俭学""校办工厂"等多种多样的劳动教育形式。抗战时期,物质资料十分匮乏,为发展抗日根据地人民群众的教育,毛泽东主持创办了中国人民抗日军政大学等一批学校,推进红军抗战水平与农民生产技能的提升。从教学目的上来说,这些学校成立的目的是培养革命事业接班人和为抗战和生产输送人才;从课程设置来说,学校专门安排劳动教学课,让学生参加生产实践,在实现学校自给自足的同时,还生产余粮供给党和军队。

在社会主义建设时期,毛泽东开创了"两条腿走路"教育机制。即国家办学一条"腿";集体办学、私人办学、群众办学是另一条"腿"。在革命建设时期,我国逐步普及了基础教育。在《论新阶段》中,毛泽东同志提出"实行改订学制、创设并扩大增强各种干部学校、广泛发展民众教育、办理义务的小学教育"。④ 新中国成立后,毛泽东劳动教育观进入成熟阶段,学校积极贯彻教育与生产劳动相结合的方针,学生通过到校内工厂、人民公社劳作,以及义务劳动等多种方式接受劳动教育。

4. 邓小平的劳动观及劳动教育观

十一届三中全会召开后,改革开放开启了社会主义建设的新局面,随之而来的是就业选择、劳动形式、劳动报酬逐步开始多样化和多元化。在新的历史条件下,邓小平的劳动观及劳动教育观也应运而生。邓小平的劳动观主要包括

---

① 毛泽东.毛泽东论教育[M].北京:人民教育出版社,2008:294.
② 毛泽东.毛泽东选集(第一卷)[M].人民出版社,1991:282.
③ 毛泽东.毛泽东论教育[M].北京:人民教育出版社,2008:291.
④ 毛泽东.毛泽东论教育[M].北京:人民教育出版社,2008:72.

第二章 劳动教育的理论渊源及经验借鉴

以下几个方面:第一,就劳动基准问题做出规定,工作时间就要踏踏实实,杜绝"混日子"。第二,要全方位保障劳动者合法权益,要"继续广开门路,主要通过集体经济和个体劳动等多种形式,尽可能多地安排待业人员"[1],要加强劳动就业培训和教育,要解决劳动者住房和退休待遇问题。第三,要积极发挥工会组织的作用,推动民主地开展企业管理,建立规范的企业规章制度。此外,邓小平特别重视科技对于劳动或者提升生产力的重要意义,他提出:"历史上的生产资料,都是同一定的科学技术相结合的;同样,历史上的劳动力,也都是掌握了一定的科学技术知识的劳动力。"[2]

在劳动教育方面,邓小平强调要坚持劳教结合的教育方针和原则,高度重视发挥劳动教育的价值和作用。邓小平指出:"为了培养社会主义建设需要的合格人才,我们必须认真研究在新的条件下,如何更好地贯彻教育与生产劳动相结合的方针。"[3]1993年《中国教育改革和发展纲要》明确表述:"教育必须为社会主义现代化建设服务,必须与生产劳动相结合,培养德、智、体全面发展的建设者和接班人。"[4]邓小平将马克思关于教育与生产劳动相结合的观点,在改革发展的新历史时期进行了中国化发展和深化,形成了具有鲜明时代特征的劳动教育观,主要包括以下几个方面内容:首先,邓小平提出要把教育和经济发展当作一个整体来考虑,"整个教育事业必须同国民经济的发展相适应""教育事业的计划成为国民经济计划的一个重要组成部分""制定教育规划应该与国家的劳动计划结合起来"[5]。第二,邓小平提出"科学技术是第一生产力"的马克思主义新观点,把科学技术引入对学生的劳动教育内容范畴之内。第三,在实践层面,将劳动教育与产业经济密切结合,推进了学校办企业、企业办学校等多种劳动教育形式。学生从事生产劳动应面向学生将来的职业,提高学校教育的针对性。但邓小平反对把劳动教育等同于社会职业,认为教育不应该以赚钱为目的,学生不应该过多考虑自己的经济收入。

以"教劳结合"为主要内容的劳动教育思想,是邓小平结合改革开放时期的中国国情,在明确教劳结合的根本目标、坚持社会主义办学方向的基础上,提出的劳动观及劳动教育观,是中国特色社会主义理论的重要组成部分。邓小平的

---

[1] 邓小平.邓小平文选(第二卷)[M].北京:人民出版社,1994:362.
[2] 邓小平.邓小平文选(第二卷)[M].北京:人民出版社,1994:88.
[3] 中共中央文献研究室编.邓小平论教育[M].北京:人民教育出版社,2004:69.
[4] 中国教育改革和发展纲要[J].人民教育,1993(4):4-11.
[5] 邓小平.邓小平文选(第二卷)[M].北京:人民出版社,1994:107-108.

劳动观及劳动教育观培养面向二十一世纪的社会主义现代化建设的合格人才，确定了教劳结合与国民经济发展相适应的基本原则，构建了多种形式的以现代科学技术为重点的劳教结合基本路径。

5. 江泽民的劳动观及劳动教育观

二十世纪九十年代，我国国民经济快速发展。与此同时，市场经济也带来劳动力素质不高、社会就业困难、轻视体力劳动者等一系列社会问题。面对这些问题，1994年6月，江泽民在全国教育工作会议上指出，"教育与生产劳动相结合是坚持社会主义教育方向的一项基本措施"[①]。把劳动与教育结合起来，不仅能提升劳动者的素质、提高劳动效率，而且能教育引导劳动者尊重劳动、崇尚劳动。

江泽民同志在庆祝中华人民共和国成立四十周年大会上的讲话中指出，"要坚持把教育放在优先发展的战略地位"[②]。"必须尊重劳动、尊重知识、尊重人才、尊重创造，这要作为党和国家的一项重大方针在全社会认真贯彻。要尊重和保护一切有益于人民和社会的劳动"[③]。这进一步提升了人们对教育同生产劳动相结合的本质认识，明确了育人的根本目标是为人民服务。

在推进教育事业面向现代化、面向世界、面向未来的系统工程设计中，江泽民将教劳结合进一步发展，鼓励学校教学与实践相统一、生产与科研相结合，明确了"教育与社会实践相结合的问题"，要求学生必须参加社会实践活动，拓宽了对人才培养途径的理解。劳动教育作为连接社会运转与个人劳动的媒介，也为推动经济发展提供了人才支撑。江泽民提出，逐步尝试建构适合社会发展需要和符合教育规律的课程体系，"坚持教育与社会实践相结合，以提高国民素质为根本宗旨，以培养学生的创新精神和实践能力为重点"[④]，努力造就符合社会主义市场经济需要的跨世纪人才。

6. 胡锦涛的劳动观及劳动教育观

进入二十一世纪，随着多种所有制的共同发展，社会分配方式的多样化，择业观念多元化，劳动力流动频繁，劳动不再仅仅是一种谋生的手段，更成了某种社会地位的象征，劳动者更迫切地渴望被认可、被尊重。胡锦涛首次提出"体面劳动"，"要切实发展和谐劳动关系，建立健全劳动关系协调机制，完善劳动保护

---

① 江泽民.江泽民文选（第二卷）[M].北京：人民出版社，2006：372.
② 中共中央文献研究室.十三大以来重要文献选编（中）[M].北京：人民出版社，1991：619.
③ 江泽民.江泽民文选（第三卷）[M].北京：人民出版社，2006：540.
④ 江泽民.江泽民文选（第二卷）[M].北京：人民出版社，2006：332.

机制,让广大劳动群众实现体面劳动。"①这就是说要尊重每一个劳动者,并进一步优化社会劳动环境,充分保障劳动者的权益,提升劳动者幸福感。

2010年胡锦涛指出,"一定要在全社会大力培育和弘扬劳动光荣、知识崇高、人才宝贵、创造伟大的时代新风,让全体人民特别是广大青少年都懂得并践行劳动最光荣、劳动者最伟大的真理"②。可见,胡锦涛高度重视青年学生的劳动教育。胡锦涛的劳动教育观在继承前一时期的思想基础上,对劳动教育内涵和要求做出了新的突破。胡锦涛提出,劳动教育重点是"劳动素养",而"劳动素养"要求发挥创造精神,提高创新能力。劳动者素质对一个国家、一个民族的发展至关重要。当今世界的综合国力竞争,归根到底是劳动者素质的竞争。不断提高广大劳动群众的综合素质,是实现人的全面发展的必然要求,也是推动经济社会发展的重要保证。要充分发挥一切劳动者的首创精神,充分调动他们的积极性、主动性、创造性,最大限度地把他们的智慧和力量凝聚到推动科学发展上来。③"劳动素养"和"首创精神"这两个概念的提出,反映了胡锦涛将劳动教育的视角聚焦到"学生发展"上面。

7. 新时代的劳动观及劳动教育观

新时代劳动观以源远流长的中华传统文化为底色,融合了日新月异的新时代现状,成为新时期开展劳动教育的思想指引。习近平在中国共产党第十九次全国代表大会的报告中指出:"中国特色社会主义进入了新时代。"站在新的历史方位上,形成了包含劳动价值论、劳动主体论、劳动关系论、劳动精神论四个既相互独立,又相互依存的新时代劳动观。

第一部分是劳动价值论,明确劳动是推动人类社会进步的根本力量。新时代习近平关于劳动价值的经典论述,如"劳动是推动人类社会进步的根本力量"④"劳动是一切成功的必经之路"⑤"社会主义是干出来的,新时代也是干出来的"⑥"人民创造历史,劳动开创未来"⑦等,脍炙人口、深入人心。这是习近平立足新的时代背景,从新的审视高度、新的解读角度、新的权衡维度,对劳动所

---

① 胡锦涛. 在2010年全国劳动模范和先进工作者表彰大会上的讲话[N]. 人民日报,2010-04-28(2).
② 胡锦涛. 在2010年全国劳动模范和先进工作者表彰大会上的讲话[N]. 人民日报,2010-04-28(2).
③ 胡锦涛. 在2010年全国劳动模范和先进工作者表彰大会上的讲话[N]. 人民日报,2010-04-28(2).
④ 习近平. 在同全国劳动模范代表座谈时的讲话[N]. 人民日报,2013-04-29(02).
⑤ 新华社. 习近平在乌鲁木齐接见劳动模范和先进工作者、先进人物代表 向全国广大劳动者致以"五一"节问候[N]. 人民日报,2014-05-01(01).
⑥ 习近平. 习近平给中国劳动关系学院劳模本科班学员的回信[N]. 人民日报,2018-05-01(1).
⑦ 习近平. 在同全国劳动模范代表座谈时的讲话[N]. 人民日报,2013-04-29(2).

做的科学考量,以及对劳动不可撼动的崇高地位和不可取代的重要作用的精准阐述,进一步夯实和发展了社会主义劳动价值观,为劳动光荣和创造伟大成为铿锵的时代强音打下坚实基础。

首先,劳动创造人类文明。推动人类文明发展的不竭动力是劳动,推动人类社会进步的根本力量是劳动,习近平深刻阐释了劳动之于人类文明前进的重要意义。习近平提倡,"必须牢固树立劳动最光荣、劳动最崇高、劳动最伟大、劳动最美丽的观念,让全体人民进一步焕发劳动热情、释放创造潜能,通过劳动创造更加美好的生活"①。在劳动中才能破解人类社会发展中的难题。"'空谈误国,实干兴邦',实干首先就要脚踏实地劳动"②。想象无法造就人类文明,唯有劳动可以创造文明财富。

其次,劳动创造人生活需要的物质基础和幸福的生活。在中央扶贫开发工作会议上,习近平同志指出:"引导和支持所有有劳动能力的人依靠自己的双手开创美好明天。"③人只有踏踏实实地劳动才能创造出满足生活需要的物质条件,才能为远离贫穷、逐渐摆脱贫困、创造美好生活,奠定坚实的物质基础。2013年,习近平同志在全国劳动模范座谈会上指出:世间的美好梦想,只有通过诚实劳动才能实现。④ 2016年在宁夏调研时习近平同志指出:"好日子是通过辛勤劳动得到的。"这就阐述了只有通过劳动,才能提高生活水平,满足人民对美好生活的向往和需要,提升幸福感。

第二部分是劳动主体论,提高劳动人民主人翁意识。人民是劳动主体,正因为他们的劳动创造,才有了社会历史的前进,才有了美好的未来。广大劳动人民始终是推动经济社会发展、维护社会安定团结的根本保证和力量。正因如此,习近平重点强调一切工作,必须要尊重劳动主体,以人民群众的利益为重,切实保障和竭诚服务他们。习近平总书记对劳动者赋予深切厚望,希望劳动者树立强烈的主人翁意识,不断提高自身素质和技能,成为建设社会主义强有力的主力军。

其一,要尊重劳动者主体地位。习近平充分肯定劳动者作为劳动主体的历史贡献。工人阶级、农民、知识分子、青年劳动力量这四支劳动队伍为我国的建

---

① 习近平. 在同全国劳动模范代表座谈时的讲话[N]. 人民日报,2013-04-29(2).
② 习近平. 在同全国劳动模范代表座谈时的讲话[N]. 人民日报,2013-04-29(2).
③ 习近平在中央扶贫开发工作会议上强调 脱贫攻坚战冲锋号已经吹响 全党全国咬定目标苦干实干[J].农村工作通讯,2015(23):7-8.
④ 习近平. 在同全国劳动模范代表座谈时的讲话[N]. 人民日报,2013-04-29(2).

第二章
劳动教育的理论渊源及经验借鉴

设、改革和发展做出了不可磨灭的历史贡献。首先是工人阶级的主力军地位。工人阶级代表了先进生产力,是中国共产党最坚实的阶级基础,是中国特色社会主义革命、建设、改革和复兴的主力军。其次,农民是创造历史的坚实力量。工农联盟为我国的建设和发展做出了重要的贡献。再者是知识分子的劳动受到前所未有的重视。习近平总书记强调知识分子是我国工人阶级的一部分,这进一步肯定了他们的地位,激发了广大知识分子的主人翁意识和劳动积极性。最后是青年劳动力量。习近平在党的二十大报告中指出,"青年强,则国家强。当代中国青年生逢其时,施展才干的舞台无比广阔,实现梦想的前景无比光明。①"青年一代有理想、有本领、有担当,国家就有前途,民族就有希望。实现中华民族的伟大复兴,国家的发展离不开青年的劳动。

其二,习近平强调保障劳动者权益。他始终牵挂广大劳动群众,关心劳动者的地位和权益,"要始终实现好、维护好、发展好最广大人民根本利益,让改革发展成果更多更公平惠及人民。人民对美好生活的向往,就是我们的奋斗目标。"②

其三,劳动关系论,创建和谐劳动关系。习近平认为,"劳动关系是最基本的社会关系之一。"③劳动关系是指用人单位和劳动人员之间,因为劳动和支付报酬而产生的权利义务的关系。和谐的劳动关系,对国家、社会、企业和个人的发展都有重要作用。当前,构建中国特色社会主义和谐劳动关系,必须"加强调整劳动关系的法律、体制、制度、机制和能力建设,……实现劳动用工更加规范,职工工资合理增长,劳动条件不断改善,职工安全健康得到切实保障,社会保险全面覆盖,人文关怀日益加强,有效预防和化解劳动关系矛盾,建立规范有序、公正合理、互利共赢、和谐稳定的劳动关系。"④

劳动关系是生产关系的重要组成部分,是最基本、最重要的社会关系之一。和谐劳动关系关乎人民幸福生活。新时期,加强对劳动的保护,健全劳动保障监察、劳动争议调解仲裁体系,对解决矛盾,最大限度地实现好、维护好、发展好劳动者的利益有重要作用。在新的历史条件下,社会主义和谐社会的重要基础

---

① 习近平.高举中国特色社会主义伟大旗帜 为全面建设社会主义现代化国家而团结奋斗——在中国共产党第二十次全国代表大会上的报告[M].北京:人民出版社,2022:71.
② 习近平.在庆祝"五一"国际劳动节暨表彰全国劳动模范和先进工作者大会上的讲话[N].人民日报,2015-04-29(2).
③ 习近平.在庆祝"五一"国际劳动节暨表彰全国劳动模范和先进工作者大会上的讲话[N].人民日报,2015-04-29(2).
④ 中共中央国务院关于构建和谐劳动关系的意见[N].人民日报,2015-04-09(1).

就是构建和谐劳动关系。通过创建和谐劳动关系推进社会民主法治,推进社会公平正义,提高劳动人民的安全感、幸福感。通过创建和谐劳动关系,破解劳动关系发展中的难题,扫除制约劳动关系和谐稳定体制性障碍,解决劳动群众反映强烈的突出问题,是和谐社会创建的坚实基础。

其四,是劳动精神论,大力弘扬劳动精神。习近平非常重视劳动精神的作用,在党的十九大报告中提出要弘扬劳模精神和工匠精神,通过对优秀劳动精神的弘扬和学习,让"爱岗敬业、争创一流,艰苦奋斗、勇于创新,淡泊名利、甘于奉献"的劳模精神蔚然成风。劳模精神,简而言之,就是劳动模范展现出的劳动精神。社会学家艾君认为:"劳模精神,它折射出一个时代的人文精神,反映出一个民族在某一个时代的人生价值和思维道德取向。"在全社会提倡劳模精神,重视劳动模范的榜样作用,一直是习近平同志所倡导的。

2013年,习近平在"五一"国际劳动节的讲话中,历史地回忆了各行各业的劳动模范在社会主义革命、建设和改革中的重要贡献。在两个百年的历史交汇点,实现中华民族伟大复兴,需要传承和发扬劳模精神,习近平指出:"长期以来,广大劳模以平凡的劳动创造了不平凡的业绩,铸就了'爱岗敬业、争创一流、艰苦奋斗、勇于创新,淡泊名利、甘于奉献'的劳模精神"。[1] 他同时指出劳模精神丰富了民族精神和时代精神,是我们极为宝贵的精神财富,要不断用劳模精神引领前行,汇聚共筑中国梦的磅礴激情。

工匠精神是在坚守中追求突破,在专注中潜心钻研,用专注、细致、创新追求卓越的一种劳动精神。"专注"就是习近平提出的"钉钉子精神",钉钉子需要一锤一锤接着敲,才能把钉子钉实钉牢。在社会转型时期,人们容易迷茫,所以更应该静下心、沉住气,专注于自己本职工作。"细节决定成败",所以我们更应该追求"精益求精"的工匠精神,用细心、细致让"中国品牌"享誉世界。"创新"即匠心,这要求我们不应该简单地模仿复制,而是应该像匠人们一样挖掘不同产品各自的品位。"工匠精神"最重要的内涵还是创新精神。党的十九大报告中,"工匠精神"一词的再现,体现了以习近平同志为核心的党中央对工匠精神的重视。在工匠精神的激励作用下,人民将会提高劳动质量,生产出更多卓越的劳动产品,满足人民对美好生活的向往。

习近平关于劳动教育的重要论述与习近平劳动观是一脉相承的。党的十八大以来,在中国特色社会主义进入新时代的经济社会发展新形势下,特别是我国

---

[1] 习近平.在同全国劳动模范代表座谈时的讲话[N].人民日报,2013-04-29(2).

第二章
劳动教育的理论渊源及经验借鉴

社会主要矛盾发生变化的背景下,劳动教育呈现出新需求,立足这一需求,习近平对新时代的劳动教育进行了系统的思考,提出了许多关于劳动教育的新思想新论断。为新时代开展高质量劳动教育提供了理论遵循、根本方向和实践依据。

劳动观为劳动教育提供思想指引和理论遵循。新时代劳动教育观是劳动观在青年教育问题上的具体实践和落实。首先,劳动价值论表述了劳动在人类文明、社会建设、百姓美好生活中起到的基础性作用,阐明了劳动教育的独特地位和重要意义。这是在新的历史时期,劳动教育作为"主角"重新走上教育舞台,成为德智体美劳五育并举的重要一环的理论来源。《纲要》明确指出,劳动教育是新时代党对教育的新要求,是中国特色社会主义教育制度的重要内容,是全面发展教育体系的重要组成部分,是大中小学必须开展的教育活动。

劳动主体论明晰了劳动者在社会建设中的主体性。所以,新时代的劳动教育要凸显受教育者作为"人"的主体地位,紧紧围绕"人的全面而自由的发展"来开展以人为本的劳动教育,为新时代培养具有主人翁意识的、综合素养全面的劳动主力军。习近平强调,"我国工人阶级和广大劳动群众一定要以国家主人翁姿态,积极投身经济社会发展的火热实践,为共同创造我们的幸福生活和美好未来作出新的贡献。"[①]习近平把劳动者作为"主人翁",是因为主人翁代表的是肯定和认同、是责任和使命,彰显着内蕴的自发自觉、忘我投入的工作态度。再者,要培养劳动者综合全面的劳动素养。习近平高度重视劳动者的劳动素养,他认为劳动素养对于劳动者良好品质的习得具有重要作用。站在社会发展的高度,他认为要切实重视劳动教育,为国家、为集体培养优秀的、高素质的劳动力量。

劳动关系论要求新时代的劳动教育要面向劳动市场,面向大学生的高质量就业,最大限度地调动劳动者的劳动积极性。劳动精神论,就要求劳动教育要强调其思想性。"要教育孩子们从小热爱劳动、热爱创造,通过劳动和创造播种希望、收获果实,也通过劳动和创造磨炼意志、提高自己。"[②]劳动教育应以劳模精神为核心,从小培育、强化劳动观念,以劳模、工匠和追求卓越的劳动者为榜样,引导学生感受劳动的价值、感受榜样的力量,充分彰显劳动教育的思想政治教育特性。

---

① 习近平. 在庆祝"五一"国际劳动节暨表彰全国劳动模范和先进工作者大会上的讲话[N]. 人民日报,2015-04-29(2).
② 习近平. 在庆祝"五一"国际劳动节暨表彰全国劳动模范和先进工作者大会上的讲话[N]. 人民日报,2015-04-29(2).

（三）教育学领域中的劳动教育理论

中国特色社会主义建设进入新时代，这一新的历史方位对公民综合素养提出了更高的标准和要求。目前，我国的公民教育体系以及实践操作等都相对缺乏建设经验，因此积极借鉴国内外有益的研究成果，可为我国公民教育、劳动教育提供创新思路。本章节简述了凯兴斯泰纳、杜威、马卡连柯等教育学领域中著名教育学家的劳动教育理论。全面研究他们思想中所蕴含的时代和实践价值，可为我国劳动教育的开展拓展思路、提供借鉴。

1. 凯兴斯泰纳的劳动教育思想

凯兴斯泰纳是德国十九世纪的著名教育理论学家，也是德国教育改革的领军人物。他大力提倡立足劳动教育和职业教育，培养"有用的国家公民"，这一公民教育思想对当时的德国，乃至对当今教育领域都产生了十分重要的影响。

概括地说，凯兴斯泰纳的思想是在吸收借鉴费希特民族主义思想、裴斯泰洛齐劳动教育思想、杜威实用主义教育思想等前人思想的基础上，结合时代对教育的需求，对教育思想进行发展而形成的公民教育理论。他倡导的公民教育明确以国家需求为中心，主要包括责任教育、职业教育和品德教育三个方面。

一是责任教育指导公民明确国家需求，更好履行个人义务。凯兴斯泰纳认为掌握知识最多的人并不等同于最优秀的公民，所以在公民教育中应包含伦理教育课，用来引导学生思考国家与公民个人的相互关系。具体来说，义务和权利的教育是责任教育最重要的内容，除此之外，还包括国民经济、法律常识、国家机构设置等。凯兴斯泰纳积极倡导以集体劳动促进公民知识性内容与情感体验的共同培育，使公民认识到国家物质、精神财富增长的重要意义，从而促进公民进一步明确自身对集体的责任与义务，最终将所学所知应用于将来的工作和生活。

二是职业教育促进公民提升职业技能，利于国家经济发展。凯兴斯泰纳意识到职业教育应当直接对接国家需要。他认为职业教育在促进公民提升服务水平的同时，也是推动当时德国工业快速发展的关键，因此，他积极倡导职业技术培训，以劳动技能的提升促进劳动者工作效率的提升。如今看来，同期德国工业化之所以能赶超其他资本主义国家，职业教育的成功发展功不可没。凯兴斯泰纳还认为职业教育在培养学生具体劳动技能外，还必须关注公民品德和习惯的培养，也就是说职业教育并非单纯的技术教育。他认为，"培养充满创造热情的人，比培养出毫无生气、冷漠的,同时又不会永远消失的机械奴隶要值得多"。①

三是品德教育孕育于责任教育和职业教育之中,塑造公民对国家和集体的认同。如果说责任教育培育公民对个人义务的认知,对国家需求的认同,职业教育培养公民创造物质财富的能力,那么品德教育就蕴含在前两者的要求之中。品德教育推动公民将内心对集体劳动的情感迁移于国家,能更好地激发公民对国家的热爱之情。意志力、判断力、灵敏性和易激发性四种力量及其相互作用,是凯兴斯泰纳认为的公民品德形成的重要因素。

概括归纳凯兴斯泰纳的劳动教育理论,其核心观点是以国家主义为视角,认为劳动教育可以担负公民教育使命。劳作是精神和体力的集合,"以书籍为中心的学校"应转变为"以玩耍和连续劳动为中心的学校",以玩耍和劳动为中心有助于培养人类的道德修养、思想境界以及创造力。②为此,凯兴斯泰纳积极主张开展学校劳动教育,在以动手操作为中心的劳动教育中,学生可以进行烹饪、饲养、栽培、实验等活动,促进学生明晰自我意识,改进参与社会的主体态度。凯兴斯泰纳明确了劳动教育的个人价值与社会价值,他认为在个人价值中,劳动具有德育功能和创造意味;在社会价值中,劳动教育对国家建设有积极促进作用。他积极鼓励并大力倡导学生以劳动为介质,探究事物的本质与真理,提高认识世界、适应社会的能力。

综上所述,凯兴斯泰纳教育思想具有显著的国家主义倾向。其思想来源于教育实践,又指导教育实践,基本教育内容始终与国家利益密切相关。他提出的要推动学生从课本到现实转化的观点,可以为新时代我国劳动教育提供有益的思想借鉴:要针对劳动教育对象,细化教育的内容;要结合各学科差异,丰富公民教育形式;要充分挖掘各类资源,拓展教育场所;要兼顾个人兴趣导向,启发公民教育自觉。③

2. 杜威的劳动教育思想

杜威的教育哲学思想开创于十九世纪末至二十世纪初,是美国进步主义教育的代表。他对现代教育理论的实践与探索,对于我国当前的劳动教育依然具有很强的理论借鉴意义和实践指导意义。

杜威的思想来源主要是达尔文的进化论和黑格尔的哲学。在其教育哲学

---

① 乔治·凯兴斯泰纳. 凯兴斯泰纳教育论著选[M]. 郑惠卿,译. 北京:人民教育出版社,2004:217.
② 吴璇. 劳育全人:小原国芳劳作教育思想研究[D]. 石家庄:河北师范大学,2021.
③ 丁玉洁. 凯兴斯泰纳公民教育思想及其当代价值研究[D]. 兰州:西北师范大学,2021.

中,我们重点探讨与当代大学生劳动教育相关的内容,主要有以下三个方面:

一是学校和社会的关系。杜威认为"学校即社会",学校教育成果再显著,都无法替代社会生活的作用。学生在社会生活中接受摔打和磨砺,是他们身心健康成长和积累经验的主要途径。平衡学校的"正式教育"与社会生活的"非正式教育"是教育面临的一大难题,教育是社会的职能之一,因此要重视独立、自由、充分的校外社会生活。

二是教育的目标是培养明智的公民。即通过社会生活、群体生活的实践培养智慧、理智的社会公民。杜威认为大学教育在为大学生步入社会做好准备,除了专业知识领域的充实、社会生活环境的模拟外,还要对学生进行道德的培养,从而培育出合格、明智的公民。大学教育的意义,不仅在于它所教的东西,更在于它展现出怎样教、怎样学。在学的方面,它代表着智慧、知识和理解的重要性[1]。学校帮助大学生理解社会、适应社会、养成品德、融入社会,是对"学校即社会"理念的实践。学生获取自我学习、持续发展的能力,从而实现真正意义上的自我教育。[2] 道德教育不能仅依赖于传授道德知识,而更应该依靠让学生以体验社会生活的间接方式培养学生道德,即教育与道德的融合。[3]

三是在教学方法上,杜威提倡"在做中学"。杜威建议学校科目的相互联系以学生本身的社会活动为中心,杜威所提倡的是学校教育更加融合社会中的内容,即淡化刻板的书本知识,更多地结合实际进行教学;在教学方法上,杜威主张"从做中学",他认为不从活动而由听课和读书所获得的知识是虚渺的。正如"要知道梨子的真正滋味,就得亲口吃一吃",杜威也认为"如果你想得到知识,就必须亲自尝试"。他认为,教育就是亲历的经验的转化、重组,"这种转化或重组不仅可以增加经验的意义,而且可以提高指导类似经验的能力"[4],这就是"在做中学"的理论要义。在其人生晚年,杜威曾再次澄清了他对"做中学"的理解:"我不相信只靠做就可以学,重要的是做事时的想法。不明智的做法反而会学到错误的东西。"[5]也就是说,杜威注重教学方式的运用,关注教学实践的指

---

[1] [美]杜威. 杜威五大讲演[M]. 张恒,编. 北京:金城出版社,2010:259.

[2] 祁东方. 行走在理论与实践之间——关于杜威教育哲学的省思[J]. 山西大学学报(哲学社会科学版),2020(3):112-120.

[3] 薛珊,刘智颖. 在"传统"中"立新"——杜威教育论在中国高校的回响与借鉴[J]. 延边大学学报(社会科学版),2020(6):126-131.

[4] 赵祥麟,王承绪. 杜威教育论著选[M]. 上海:华东师范大学出版社,1981:32.

[5] Fine B. John Dewey at 90: Reiterates His Belief That Good Schools Are Essential in a Democracy[N]. *New York Times*,1949-10-16(9).

导,注重课程内容与学生生活经验的结合,反对工具性的教学目的。他指出,教学课程内容的组织和传授,决定了学生的个体经验的形成。正是经验激活了学科知识的生命,帮助知识活化成为真实的、可以运用的鲜活素材,从而实现知行合一。学生在遇到问题,思考如何解决、并向社会寻求帮助时,思想就会产生,最终形成带有"过去式"印记的知识和经验。

杜威认为,民主社会的教育解决了以往教育中三大对立现象:劳动与学习的矛盾对立;理论知识与实用知识的对立;实用学科与人文学科的对立。[1] 杜威曾于1919年赴中国演讲和游历,因此他的教育哲学思想对中国的教育产生了较为广泛的影响。郭秉文的"全面发展与个性发展相结合"思想、胡适的"个性教育"思想、蒋梦麟的"健全的个性主义教育"思想、陶行知的"活的教育"思想和实践,都是对杜威教育思想的传承和发展。

在新时代的历史方位,杜威的教育哲学思想对大学生劳动教育依然有以下启迪:创造性思维方式的革命只有在自由的个性中爆发[2];劳动教育要紧紧围绕价值观的培育,突出教育的个性化特征,激发学生的想象力和创造力;要充分发挥"社会教育"在劳动教育中的重要功能,要注重"做"在学生习得能力、获取经验和塑造人格过程中作用的发挥。

3. 苏联著名劳动教育学者的劳动教育思想

苏联著名的劳动教育学者,包括安·谢·马卡连柯和瓦·阿·苏霍姆林斯基。他们都是苏联杰出的教育实践家和教育思想家,在劳动教育的理论和实践方面均有重要的贡献。从学术传承方面说,后者自认为是前者的学生,还曾获得前者奖章。从这个角度可以说苏霍姆林斯基对教育主要观点、教育问题的思辨研究,特别是对劳动教育的研究探索,都继承了马卡连柯思想的精华,两位教育家的思想和观点是一脉相承的。

一是劳动教育的核心内容应该是思想观念的教育。"劳动的最大益处还在于人们道德上和精神上的发展。这种精神的发展是由和谐一致的劳动产生的,它应构成无产阶级社会公民区别于阶级社会公民的那种人的特质。"[3]"只有参加集体劳动,才能使人对人有正确的和道德的态度——对一切劳动者保持亲属

---

[1] 祁东方.行走在理论与实践之间——关于杜威教育哲学的省思[J].山西大学学报(哲学社会科学版),2020(3):112-120.
[2] 雅斯贝尔斯.什么是教育[M].邹进,译.北京:生活·读书·新知三联书店,1991:26.
[3] 马卡连柯.马卡连柯教育文集(上)[M].北京:人民教育出版社,1985:447-448.

般的爱护和友谊,对懒惰分子和躲避劳动的人表示愤慨和谴责。"①

二是劳动在教育中的中立性观点。事实上,"生产上的一切局部过程和详细情况都应当作为教育现象来处理。要知道只有从教育组织者的观点来看问题,教育任务才会占主要地位。从我们的观点来看,劳动过程在教育上是中立的过程。"②马卡连柯认为单纯直接的劳动过程并不能达到教育的效果,只有作为教育的要素、目标、过程、手段的劳动,才能激发出劳动的巨大教育作用。"在任何情况下,劳动如果没有与其并行的政治和社会的教育,就不会有教育的好处,而成为不起作用的一种过程……只有把劳动作为总的体系的一部分时,劳动才可能成为教育的手段。"③

三是集体主义教育与劳动教育。马卡连柯最主要的教育思想有两个:集体主义教育和劳动教育。通过"建立合理的集体,建立集体对个人的合理影响"。④ 马卡连柯认为"共产主义教育中唯一主要的教育工具就是活跃的劳动集体。因此组织者的主要努力应当是建立这种集体,爱护和安排这种集体,养成一种作风和传统,并且加以指导。"⑤劳动的本身并不产生教育价值,只有在集体中,只有在教育体系之内,劳动才彰显教育的价值。劳动教育是集体教育的重要组成要素和内容,集体教育是劳动教育的重要实践方式和基础,二者相辅相成、相互促进。在其创建的高尔基工学团和捷尔任斯基公社中,马卡连柯进行了十多年的教育实践。这两个组织接受流浪儿童和违法青少年,力图通过劳动教育把他们培养改造成真正的"新人",使他们"成了有学识、有专业技能的人……成了共青团员。"⑥苏霍姆林斯基也曾在担任帕夫雷什中学校长期间践行这一理论,用实践证明劳动教育对学生德、智、体、美等方面发展所起到的重要作用。

4. 小原国芳的劳动教育思想

小原国芳在日本新教育运动中扮演重要角色,是日本教育运动的奠基者。小原国芳历经日本明治、大正、昭和三个时代,他的劳动思想在理解吸收东西方教育、文化的精华的基础上,付诸实践再持续发展,虽然带有一定时代性和理想

---

① 马卡连柯.马卡连柯教育文集(下)[M].北京:人民教育出版社,1985:181.
② 邱国梁.《马卡连柯论青少年教育》[M].北京:中国青年出版社,1984:72-73.
③ 马卡连柯.论共产主义教育[M].北京:人民教育出版社,1962:236.
④ 马卡连柯.马卡连柯教育文集(上)[M].北京:人民教育出版社,1985:29.
⑤ 马卡连柯.马卡连柯全集[M].北京:人民教育出版社,1959:383.
⑥ 马卡连柯.马卡连柯教育文集(上)[M].北京:人民教育出版社,1985:35.

主义色彩,但其提出的体脑并重、对立统一的观点,都与当代我国劳动教育理念相契合。

从学术渊源来看,小原国芳既受教育学影响,也有深厚的哲学基础;在植根于东方思想的同时也受到欧美思想的影响。其中,东方思想文化影响方面,包括中国传统儒家思想和日本同时代思想。中国先贤孔子的"劳之""以劳治身""求诸己",王阳明"知行合一"对小原国芳的思想产生了重要影响。日本西田几多郎等人也在教育观等方面给予小原国芳重要启发。在西方思想影响方面,小原国芳主要受黑格尔辩证法、凯兴斯泰纳劳动教育思想、杜威思想等的影响。

具体来讲,也许受中国传统儒家"天人合一"思想的指导,小原国芳也积极在教育中寻找协调合一的境界。他认为这种境界,能够糅合甚至消弭矛盾,从而促进人全面地、充分地发展。他的教育思想主要可以分为目的观、原则观、途径观三个方面。

一是劳动教育目的观。小原国芳始终秉持以劳动教育孕育"全人"的教育目的观。"全人"是指学问、道德、艺术、宗教、身体、生活等人类文化的六方面都获得均衡发展,具有圆满人格的人。学问、道德、艺术、宗教、身体、生活这六者共同构成了集真、善、美、圣、健、富于一体的价值体系。小原国芳对劳动教育寄予"全人"期望,既是希望个体在人生中不断修炼,也是期待集体乃至全社会共同追求"全人"的价值理念。

二是劳动教育原则观。小原国芳劳动教育主要分为去伪存真、自学自律、对立统一三个方面。"去伪"意为去掉虚假与表面认识,"存真"意味着明确并留下真实的,小原国芳以"真"代替"新",实现"真教育"。"自学自律"劳动教育理念强调尊重学生主体地位,小原国芳希望学生真正成为劳动教育、劳作教育的主体,使由外向内的劳动教育转变为自发自觉的劳作教育,最大限度地减少教师在劳动教育过程中作为监督者、施教者对学生的居高临下,避免学生产生对立、抗拒、反感的不良情绪。"对立统一"原则既表现为内容的对立统一,指明劳动教育不偏不倚、中庸中正的力量,也表现在培育全人和尊重个性的对立统一,希望学生在各异的劳动教育中发展不同的特长,还表现在内在价值与外在价值的对立统一,要求劳动教育要兼具自我实现和贡献社会的双重功能。

三是劳动教育途径观。在论及劳动教育时,小原国芳提到试行、体验、证得、创造这四个高频词汇,认为这是构建理想劳动教育的必要途径。小原国芳认为,"试行"是劳作教育的基本姿态与环节,让学生充分运用手、足、脑、心,在反复尝试的劳动中进行学习。亲身所得、内心感知的劳动教育就是"体验"的过程,其中,自然劳动体验被其视为首位,小原国芳非常关注低龄学生的自然劳动体验。"证得"是指学生在劳动过程中借助思考实现创造力的提升,灵魂的净化,这强调劳动不是纯粹的身体劳作,而是身体、精神均获得提升。小原国芳指出,"创造"是劳动教育应该给人带来的意义和价值,他提出借助劳动形式开发,培育孩子具备未来生活发展的独创力。①

由此观之,小原国芳的劳动教育理念在深受中国传统文化的影响的同时,也给予新时代我国的劳动教育理论、劳动教育实践以重要参考。其劳动教育理念的闪光点就是对创新的追求,小原国芳把对创造性的需求纳入劳动中,实践和拓展了劳动"努力以自己的力量进行创建和构建"的内涵。当今,我们追寻劳动价值的根本原因就是对生命的关怀和对生长的关注。小原国芳关注生长的这一教育立场,与新时代"劳动是财富的源泉,也是幸福的源泉"的劳动幸福观不谋而合。

5. 陶行知的劳动教育思想

陶行知先生是我国近代史上知名的教育学者、思想家。他曾经赴美留学,师从美国教育学者杜威,因此,陶行知先生的教育理念受杜威实用主义思想和教育哲学的影响很深。在借鉴吸收国外教育理念的基础上,陶行知先生深刻体察中国的国情现状,在具体的教学实践中,形成了"教学做合一""行是知之始,知是行之成""生活即教育"等与劳动教育密切相关的思想体系和实践经验。在晓庄学院、山海工学团、育才学校、社会大学开展教育教学的实践中,陶行知并不主张学生只接受学校教育,而是认为学生要到真实的社会生活中去学习。陶行知先生的思想和实践对新时代劳动教育的开展具有很强的启迪,下面对其"生活即教育""教学做合一"思想进行简单介绍。

"生活即教育"思想是陶行知先生教育思想的重要内容,也是对其师杜威先生劳动教育思想的批判性发展。杜威提出"教育即生活,学校即社会",但陶行知却把它颠倒过来,他认为生活就是教育,生活和教育是一个东西,不是两个东西。"过科学的生活即是受科学的教育,过劳动的生活即是受劳动的教育。平日过的少爷小姐的生活,便念尽了汗牛充栋的劳动书,也不算是劳动教育。""我们要能够学,学从生活中学。要教人做人,教人生活,健康是生活的出发点。"1922年,陶行知在《生活教育》一文中,明确生活教育的定义:生活教育是生活所原有,生活所自营,生活所必需的教育。② 1927年,陶行知在南京创办晓庄学

---

① 吴璇.劳育全人:小原国芳劳作教育思想研究[D].石家庄:河北师范大学,2021.
② 徐莹晖.陶行知论生活教育[M].成都:四川教育出版社,2010:147.

院,实践自己的教育理念。陶行知先生认为,从效力上说教育要通过生活才能发出力量而成为真正的教育。① 在晓庄学院入学考试时,通过考察探讨劳力与劳心的关系,引导学生"在劳力上劳心"。在晓庄学院开学典礼上,陶行知先生明确讲道:"农夫、村妇、渔人、樵夫都可做我们的指导员,因为我们有不及他们之处。"

"教学做合一"是"生活教育"理念的具体实施手段。陶行知把"教学做合一"作为晓庄学院校训,他强调"做"是核心,"教学做是一件事,不是三件事"②,教和学都要通过"做"来实现。由此,他将自己的名字由"知行"改为"行知",将晓庄的"老山"改为"劳山",图书馆叫"书呆子莫来馆",大礼堂起名叫"犁宫",犁宫大门之上的对联写的是"和马牛羊鸡犬豕做朋友,对稻粱菽麦黍稷下功夫"。陶行知先生说,书里的真知哪里来的?是从行动来的,"行是知之始",即行即知,行动产生理论,行动发展理论。行动所产生发展的理论,还是为了要指导行动,引着整个生活冲入更高的境界。陶行知比喻道,"行动是老子,知识是儿子,创造是孙子。"创造从哪里来?有行动才能有知识,有知识才能创造,有创造才有热烈的兴趣。我们要能做,做的最高境界就是创造。

陶行知的"生活即教育""教学做合一""行是知之始"的思想和实践,都体现了他对教育的深度思考,证实了劳动教育的重要功效,就是帮助学生的人格趋于完善,帮助学生树立正确的价值观。这对于新时代劳动教育的启示是:要坚守"做"即实践在教育中的重要地位。要汲取生活的养分,打开社会的窗户,切实培养学生的劳动技能和社会生存能力。

二、我国大学生劳动教育历史及经验传承

中国共产党历来重视劳动教育。回眸中国共产党领导大学生劳动教育以来,在革命、建设、改革各个历史阶段的政策流变和历史演进,总结我国劳动教育的宝贵经验和借鉴,为本研究构建历史的视野和思想启迪。

(一)我国大学生劳动教育的历史回溯

教育与生产劳动相结合,是中国共产党自成立以来,长期坚持的重要原则。

---

① 董宝良.陶行知教育论著选[M].北京:人民教育出版社,2012:68.
② 董宝良.陶行知教育名篇选[M].北京:人民教育出版社,2012:7.

在不同的政治经济条件下,结合大学生劳动教育的背景、条件、机制和资源等因素,大致将建党后劳动教育分为五个发展阶段。

1. 1921年—1949年:探索劳动教育的理念、内容和方式

1949年以前,我国的高校劳动教育在革命战争的形势下,不懈探索劳动教育的理念、内容和方式。十九世纪中叶后,中华民族深受帝国主义、封建主义、官僚资本主义三座大山的压迫,国家蒙辱、人民蒙难、文明蒙尘。1921年7月,中国共产党在纷乱的战火中诞生,点燃了中华民族从黑暗的废墟走向和平曙光的希望火炬。这一时期,人民军队的组成本身来自劳苦大众,因此"劳动神圣"的观念深入人心,因此从必要性和教育内容上看,劳动教育还没有太大的必要。在陕北时期,中国共产党开始独立建设和领导高等教育,建设了如中国人民抗日军事政治大学、陕北公学、鲁迅艺术学院等一批高等院校。从教育对象的角度看,不少来自白区的青年知识分子等人缺少对劳动者的感情和劳动的体验,产生了开展劳动教育的必要性。

从实践的契机和方式来说,党组织和带领学员投入抗日民主活动以及参加生产劳动。面对当时国民党实施经济封锁的境况,我党力行"民族的、科学的、大众的"文化教育方针①,在实际劳动生产中,因时而生,因势而行开展劳动教育。1934年,毛泽东在第二次全国苏维埃代表大会上对各革命根据地的文化教育工作进行总结,提出苏维埃文化"在于以共产主义的精神来教育广大的劳苦民众,在于使文化教育为革命战争与阶级斗争服务,在于使教育与劳动联系起来,在于使广大中国民众都成为享受文明幸福的人"。1938年,毛泽东在中共六届六中全会上做了《论新阶段》的报告,明确提出全民族最迫切的任务之一是"实行抗战教育政策,使教育为长期战争服务""伟大的抗战必须有伟大的抗战运动与之配合"②。

解放战争时期,为取得解放战争的胜利,迎接全国解放,党在解放区开展大生产运动,倡导劳动光荣。另外对解放区干部教育进行了整顿,要求提高干部政治水平,注重思想政治教育,高等教育在规模以及体制上也更加完善起来。所以,从劳动教育的必要性、内容和开展形式等方面来看,劳动教育在这一阶段有了较大的发展。这一阶段党贯彻"教育同生产劳动相结合"的马克思主义劳动教育观,其特点是与当时的革命需要紧密结合,以塑造阶级为主要价值取向,

---

① 任祥.抗战时期云南高等教育的流变与绵延[M].北京:商务印书馆,2012:131-132.
② 毛泽东.论新阶段[M].延安:华北新华书店,1948:53-54.

在实际的生产实践中开展劳动价值观和劳动能力的教育。劳动教育的内容开始全面化。这个阶段,解放区成立了一批新高校,包括东北军政大学、辽东人民军政学校等,随着时间的推移,这些学校逐步从短训班发展成为真正意义上的革命大学。此类高校在建设和教学上主要为战争需要服务,特别看重理论联系实际,通过劳动教育为实际生产和战争服务。如中华人民抗日军事政治大学(简称"抗大")的教学内容包括政治教育、军事教育、文化教育、生产劳动和体育活动。[1] 党在这个阶段探索了劳动教育的理念、拓展劳动教育的内容,实践因地制宜的劳动教育方式,并且注重发挥劳动教育在思想政治教育、干部人才培养方面的作用。

2. 1949年—1956年:构建劳动教育的法规和体系

从中华人民共和国成立,到我国完成社会主义三大改造的七年间,党初步构建了大学生劳动教育的法规和体系,但是落实的效果不尽如人意。1949年10月1日,中华人民共和国的诞生开辟了历史的新纪元,但同时,初生的中华人民共和国百废待兴,恢复和发展因战争遭到严重破坏的生产力成为当时最重要的任务。党中央在过渡时期提出以发展生产力、实现工业化为主体,以解放生产力、实现三大改造为两翼的总路线。党的教育事业也开始了一场新的变革,中国共产党完成了对公立、私立学校的接办和改造,并且开始创办新时期的高等学校,包括中国人民大学和哈尔滨工业大学等。在这样的背景下,高等教育的政策不断规范化,劳动教育的政策和理念也逐步明确。

1949年12月,教育部成立后召开了第一次全国教育工作会议。会议确定教育工作要改造旧教育、创建新教育,明确了"教育为工农服务,为生产建设服务"的方向,高等学校对知识分子实行"团结、教育、改造"的政策。1949年9月29日,中国人民政治协商会议第一届全体会议通过《中国人民政治协商会议共同纲领》(简称《共同纲领》)。《共同纲领》规定"中华人民共和国的文化教育为新民主主义的,即民族的、科学的、大众的文化教育。人民政府的文化教育工作,应以提高人民文化水平、培养国家建设人才,肃清封建的、买办的、法西斯主义的思想,发展为人民服务的思想为主要任务",并将"爱祖国、爱人民、爱劳动、爱科学、爱护公共财物"确定为中华人民共和国全体国民的公德。这体现出当时的劳动教育重视劳动价值观的培养。1949年12月,教育部成立后召开了第一次全国教育工作会议,会议确定教育工作要改造旧教育、创建新教育,明确了

---

[1] 郝维谦,龙正中,张晋峰.中华人民共和国高等教育史[M].北京:新世界出版社,2011:29.

"教育为工农服务,为生产建设服务"的方向。

1950年开始实行《中华人民共和国土地改革法》,是进行社会主义改造的主要举措,也开启对知识分子进行思想改造的过程。高等学校组织知识分子参加实践活动。1951年开始,大批知识分子陆续参加了抗美援朝、土地改革、镇压反革命三大运动。大批知识分子还深入到土改工作第一线去参观、学习。在土改实践中接受教育、改造思想。[①] 以这种集中的、短时间内的、运动的方式对教职员工进行了劳动教育,将知识分子改造成为热爱新中国、理解党的政策、愿意投身党的教育事业的高校教师。

在高等学校人才培养方针方面,1952年,教育界开展了一场关于"什么是全面发展"的问题的讨论,单一的教学制度和统一的教育内容受到质疑,有识之士呼吁把全面发展和因材施教作为教育的总方针。1953年,高等教育部召开全国高等工业学校行政会议,会议上通过的《稳步进行教育改革提高教学质量的决定》提出:高等教育改革的方针,是学习苏联先进经验并与中国实际情况相结合。1955年1月,《人民教育》中一篇题为《积极稳步地提高教育质量是今后普通教育的中心任务》的社论中提到:"必须遵照全面发展的方针,贯彻智育、德育、综合技术教育、体育和美育,使学生获得全面发展"。

这一阶段的劳动教育在当时经济生产的背景下,开始注重提高学生的劳动技术水平。要求不仅要培养学生的劳动观念和习惯,还应使学生从理论和实践上懂得一些工农业生产的基本技能。中央相继成立了"高等学校学生实习指导委员会""中央生产实习指导委员会",负责统管高校的生产实习工作。但是当时人民生活水平不高,因家庭经济原因辍学人数多,很多人认为就算接受了学校教育还是要从事体力劳动,再加上整个社会的经济发展水平以及对体力劳动固有偏见,导致这些政策和措施并没有得到很好地落实。这些教育思想的讨论和教育政策的出台,都标志着我国劳动教育政策规范化进程的不断推进,劳动理念也不断明确和成熟。

3. 1957年—1976年:劳动教育与知识教育的关系失衡

1957年至1976年我国处在社会主义建设初期,对劳动教育的过度强调,导致其与知识教育之间的关系失衡。1956年农业、手工业、资本主义工商业的社会主义改造完成后,标志着我国正式迈进社会主义初级阶段。新民主主义教育也完成了向社会主义教育的转变,党和国家开始探索社会主义教育的发展。

---

① 郝维谦,龙正中,张晋峰.中华人民共和国高等教育史[M].北京:新世界出版社,2011:59.

1956年,中共八大召开,党和国家正确分析了国内主要矛盾的转变,做出了集中力量发展社会主义生产力的决定。1957年2月,毛泽东在《关于正确处理人民内部矛盾的问题》中提出教育方针"应该使受教育者在德育、智育、体育几方面都得到发展,成为有社会主义觉悟有文化的劳动者",明确了培养合格劳动者的重要性。同期《人民日报》发表社论《劳动教育必须经常化》。《一面劳动、一面读书》《提倡勤工俭学,开展课余劳动》等社论发表后,首批高等学校开始实行下放到农村劳动。1958年9月,《关于教育工作的指示》指出:"共产主义社会的全面发展的新人,就是既有政治觉悟又有文化的,既能从事脑力劳动又能从事体力劳动的人"。高等教育要把"教育与生产劳动相结合",作为党的教育方针确定下来。"在一切学校中,必须把生产劳动列为正式课程。每个学生必须按照规定参加一定时间的劳动"[①],培养劳动观点,即脑力劳动与体力劳动结合的观点。毛泽东在《工作方案》(草案)中要求学校和农场、工厂、农业合作社等或服务行业签订学生参加劳动的合同,每个学校都要有附属的农场或工厂。1958年,毛泽东在视察天津大学时要求"把教育和生产劳动结合起来""学生要勤工俭学、教师也要搞"。

1956年到1958年,我党高度重视劳动教育,将其看作高等教育教学的全面改革的一个重要部分。这是由于当时我国处于社会主义建设初级阶段,以俄为师进行教学改革以后,还没有找到适合我国国情的高等教育方针,对马克思"教育与生产劳动相结合"进行积极探索和实践。这些探索和实践是符合当时我国政治经济发展水平的。当时我国的经济建设还没有步入正轨,百废待兴、人民生活水平低,我党对知识分子的改造刚刚取得一些成果,还需要对广大教职工和学生加强思想政治教育。在这样的背景下,中国共产党实施的"教劳结合、创新制度"的实践是积极和有益的。

但是以上这些政策在执行过程中出现了极端现象。当时全国兴起了大炼钢铁的"大跃进"运动,认为劳动越多越好,甚至出现了生产劳动代替教学的"以劳代学""工即是学"倾向,这些违背教育规律的做法致使高校的劳动教育走上弯路。1960年,党和国家提出"调整、巩固、充实、提高"的"八字方针"开始对国家政治、经济、文化、教育等方面全面纠偏。1961年,教育部公布《高校六十条》,明确"我们的教育方针,应该使受教育者在德育、智育、体育几方面都得到发展,成为有社会主义觉悟的有文化的劳动者""通过马克思列宁主义、毛泽东

---

① 王集权.中国高等教育史概论[M].南京:河海大学出版社,2010:74.

著作的学习和一定的生产劳动、实际工作的锻炼,逐步树立无产阶级的阶级观点、劳动观点、群众观点、辩证唯物主义观点"。这就明确地说明了,不能过度地强调以劳动教育取代所有教育,生产劳动教育的主要目的是养成劳动习惯、培养无产阶级劳动者,而不是用劳动代替一切。要求学生参加生产劳动的时间必须保证,做到正常化、制度化,并建立了考核制度。学生每年参加劳动的时间一般为一个月到一个半月,"必须根据各专业的特点,分别确定参加生产劳动的内容、方式和时间"①。

1958年,刘少奇同志提出了"两种制度"的教育制度观点:即除了正常的、普通的学校教育制度,还应该存在以半工半读为主要内容的学校教育制度、以半工半读为主要内容的工厂劳动制度。也就是说这两种学校都算正规学校,都属于国家制度。1964年12月,全国半工半读高等教育会议在北京召开,刘少奇同志提出半工半读试点。把生产劳动列入正式课程,既是劳动制度、又是教育制度,既是生产劳动、又是学校教育,通过两种制度的并行,逐步地消灭脑力劳动和体力劳动的差别。半工半读推行的重点是在中等专业学校和高等学校,有超过50%的农学院、理工类学校实行了半工半读。据1965年统计,在北京市的58所高等学校中,有33所进行半工半读的试点②,但很快这些教育实践探索受到了"文化大革命"的冲击,没有能够坚持。

"文化大革命"期间,1968年《人民日报》发表评论员文章《关于知识分子再教育问题》,提出知识分子要由工农兵给他们"再教育"。10月5日,《人民日报》发表《柳河"五七"干校为机关革命化提供了新的经验》,引用毛泽东的指示:广大干部下放劳动,这对干部是一种重新学习的极好机会,除老弱病残者外都应这样做。随后,广大高校教职工开始进入到各地"五七"干校或者下乡劳动,主要从事农业工业体力劳动。1971年全国教育工作会议在北京召开,会议纪要指出,要坚持"五七"指示的道路。"教育同三大革命实践结合,应以厂(社)校挂钩为主,多种形式,开门办学","农业大学要统统搬到农村去"③。

"文化大革命"期间的高等教育已经不再提全面发展的要求,也不再以培养"高级人才"为目标,而降低为只需要低标准的文化水平的普通劳动者。在具体实践中,强调理论联系实际,学生把原来用于课堂学习专业的时间大量用于学工学农学军,甚至出现以劳代学。在这种观念的影响下,当时学校开始办工厂、

---

① 郝维谦,龙正中,张晋峰.中华人民共和国高等教育史[M].北京:新世界出版社,2011:207.
② 郝维谦,龙正中,张晋峰.中华人民共和国高等教育史[M].北京:新世界出版社,2011:250.
③ 郝维谦,龙正中,张晋峰.中华人民共和国高等教育史[M].北京:新世界出版社,2011:296.

设农场,大力倡导生产劳动,在校学生和老师都要接受劳动锻炼、参加生产建设。"学校也不敢抓教学,严重破坏了学校教学工作,造成教学质量大大降低"[①]。十年"文革"期间,这些做法是对"教育与生产劳动"相结合思想的低层次理解和实践,盲目地、无限度地加大教职工和学生的劳动时间和强度,却忽视了对教育教学规律的尊重,忽视了对人才成长规律的尊重。劳动教育与知识教育的关系严重失衡。将劳动教育作为阶级斗争的工具,作为两种社会制度的根本区别。完全忽视对人才全面发展的培养目标,盲目扩大了劳动教育,甚至将"有文化"和"劳动者"对立起来,声称"宁愿要没有文化的劳动者,而不要有文化的精神贵族"。错误的教育方针和教育实践导致我国劳动教育乃至高等教育走上弯路。

4. 1978年—2012年:劳动教育以工农生产劳动为载体进行

1978年至2012年,我国劳动教育与产业发展相结合,以实际的工农生产劳动为载体进行劳动教育。1978年12月18日,十一届三中全会在北京召开,从此拉开了拨乱反正、溯本清源的序幕。十一届三中全会是开启了历史新时期的伟大转折,会上提出了改革开放的伟大决策,从此党的工作重心从阶级斗争转移到社会主义现代化建设上来。1978年4月,全国教育工作会议召开,把"全面贯彻教育与生产劳动相结合"作为新时期教育工作的一项根本任务固定下来。邓小平同志要求在制定教育规划时,要与国家的劳动计划结合起来,切实考虑劳动就业的需要。学校教育要与产业发展相适应,为产业服务,但必须以教学质量为中心,在教学内容、教学方法两方面加强教育与生产劳动的结合。要更新教材内容,补充现代科学技术并开设综合技术教育课程及劳动课程,在教学方法上"加强理论学习的实践环节,加强与劳动界的接触"[②]。1978年8月,教育部召开全国直属重点高等学校会议,提出高等教育要大发展、大提高。[③] 1979年4月,中共中央召开工作会议,决定对国民经济实行"调整、改革、整顿、提高"的方针。1980年1月,教育工作会议在北京召开,研究教育领域对"调整、改革、整顿、提高"的八字方针的贯彻。提出调整专业结构、实施简政放权,扩大招收研究生,加强科学研究和社会服务等,高等教育开始走内涵发展道路。高教教学改革方面,增加了选修课和社会实践环节,积极推动大学生接触社会、服务社会。高校更加注重教学质量的提高,更加注重重点学校、重点学科

[①] 王集权.中国高等教育史概论[M].南京:河海大学出版社,2010:153.
[②] 成有信.教育与生产劳动相结合问题新探索[M].长沙:湖南教育出版社,1998.350.
[③] 郝维谦,龙正中,张晋峰.中华人民共和国高等教育史[M].北京:新世界出版社,2011:349.

的建设,旨在解决社会主义现代化建设中遇到的科学技术难题,更加注重与当地经济发展相联系,以适应现代经济建设对人才的需求。

1985年5月,中共中央作出《关于教育体制改革的决定》,指出当前教育还存在轻视知识、轻视人才的错误思想,培养学生独立生活和思考的能力还不够,发扬立志献身祖国、报效祖国的精神还不够[1]。强调了高等学校要建立教学、科研、生产联合体,鼓励各地高校积极跨地区跨部门探索联合办学,拓宽人才培养的资源渠道和手段。1993年1月,《关于加快改革和积极发展普通高等教育的意见》中指出,进一步贯彻教育与生产劳动相结合的方针,大力加强学校与社会的联系,实行教学、科研、生产三结合,促进学校教育和教学过程与社会主义建设实际的紧密结合[2]。1993年2月,中共中央、国务院印发《中国教育改革和发展纲要》,其中提出,建设中国特色社会主义教育必须坚持教育为社会主义现代化建设服务,与生产劳动相结合,自觉服从和服务于经济建设这个中心,促进社会的全面进步。1994年,《关于进一步加强和改进学校德育工作的若干意见》发布,提出二十五条意见,明确要求加强实践环节。将教育与生产劳动相结合确定为坚持社会主义教育方向的一项基本措施。要求各级各类学校都要组织学生参加生产劳动,作为必修课列入教学计划。高等学校要把社会实践纳入教育、教学计划。1995年,"教育必须为社会主义现代化建设服务,必须与生产劳动相结合,培养德、智、体等全面发展的社会主义建设者和接班人"的观念被纳入《中华人民共和国教育法》。1998年,《中华人民共和国高等教育法》明确"高等教育必须贯彻国家的教育方针,为社会主义现代化建设服务,与生产劳动相结合,使受教育者成为德、智、体等方面全面发展的社会主义事业建设者和接班人"。这再次强调了教育与生产劳动相结合的根本宗旨。

1999年,第三次全国教育工作会议召开,发布《关于深化教育改革全面推进素质教育的决定》。江泽民同志在大会开幕式发言中强调:"我们必须全面贯彻党的教育方针,坚持教育为人民服务,坚持教育与社会实践相结合,以提高国民素质为根本宗旨,以培养学生的创新精神和实践能力为重点,努力造就有理想、有道德、有文化、有纪律的德育、智育、体育、美育等全面发展的社会主义事业建设者和接班人"[3]。这个阶段,教育方针虽然没有直接提出"劳动教育"的概念,但是以"社会实践"的表述出现,要求高等学校要加强社会实践,组织学生

---

[1] 郝维谦,龙正中,张晋峰.中华人民共和国高等教育史[M].北京:新世界出版社,2011:425.
[2] 郝维谦,龙正中,张晋峰.中华人民共和国高等教育史[M].北京:新世界出版社,2011:508.
[3] 郝维谦,龙正中,张晋峰.中华人民共和国高等教育史[M].北京:新世界出版社,2011:635.

参加科学研究、技术开发等社会服务工作,利用暑假开展支工、支农、支医和支教等,这实质上也是引导大学生在社会中开展劳动实践。"素质教育"作为重要议题成为教育界关注的热点和工作的重点,全社会大力推广产学研合作,推广"订单式""模块式"的培养模式,加强教育教学与生产实践和社会服务的结合。

2002年,党的十六大报告指出,坚持教育为社会主义现代化建设服务,为人民服务,与生产劳动和社会实践相结合,培养德智体美全面发展的社会主义建设者和接班人。这就进一步强调了素质教育以及人的全面发展的重要意义,同时也成为《国家中长期教育改革和发展规划纲要(2010—2020年)》的重要内容,其中,高等教育的发展任务进一步明确:创立高校与科研院所、行业、企业联合培养的人才的新机制,增强社会服务能力,推进产学研用结合,鼓励师生开展志愿服务。在"知行统一"的教育思路指导下,教育与生产劳动、社会实践相结合的要求更加明确,实践课程也更受欢迎,科学实验、生产实习和技能等实训效果更加彰显,进一步推进了教育体制改革深化。

在此阶段,高校劳动教育开始着眼于围绕教学、科研、生产三结合,为社会主义现代化建设培养人才。高等学校为全社会服务的观点确立,高等学校不再是"象牙之塔",也不是指培养精英的殿堂,大部分教学要转向应用人才的培养[1]。在这一发展阶段,我国的高等教育得到重视和发展。党中央确立了适时的发展战略,认为高等教育体制改革的根本目的是提高民族素质,多出人才,出好人才,逐步探索全社会联合资源,共同培养社会主义建设需要的高素质人才。在"教育与生产劳动相结合"原则的指引下,产教研的思想和实践以及培养目标也紧紧围绕劳动教育的本质,是高校劳动教育的有益探索和实践。

5. 2013年至今:劳动教育以激发创新为着力点

党的十八大以来,我国的劳动教育政策是以脑力劳动为着力点,以人为本,激发培养创新劳动能力。2015年,在庆祝"五一"国际劳动节暨表彰全国劳动模范和先进工作者大会上,习近平总书记发表重要讲话,弘扬劳模精神,弘扬劳动精神,弘扬我国工人阶级和广大劳动人民的伟大品格。以此为标志,中国共产党对劳动教育的政策进入一个全新的时期。习近平总书记坚持以人民为中心的发展思想,强调高等教育要不断促进人的全面发展,高度重视劳动教育在发挥立德树人这个根本任务上的重要作用。劳动教育受到前所未有的重视,也带来了全新的要求和视角。习近平总书记在全国劳动模范和先进工作者表彰

---

[1] 王集权.中国高等教育史概论[M].南京:河海大学出版社,2010:82-83.

大会上强调要"教育引导广大青少年牢固树立热爱劳动的思想、牢固养成热爱劳动的习惯,为祖国发展培养一代又一代勤于劳动、善于劳动的高素质劳动者"。同年12月,第十二届全国人大常委会第十八次会议表决通过新修订的《中华人民共和国高等教育法》,明确高等教育要"为社会主义现代化建设服务、为人民服务,与生产劳动和社会实践相结合"。这是劳动教育进入新时代的标志性事件。2018年9月10日,习近平在全国教育大会上强调"要坚持中国特色社会主义教育发展道路,培养德智体美劳全面发展的社会主义建设者和接班人。"[①]首次明确将学校的育人目标从"德智体美"进一步拓展为"德智体美劳"。2020年3月,中共中央、国务院印发了《关于全面加强新时代大中小学劳动教育的意见》,强调劳动教育是中国特色社会主义教育制度的重要内容。同年7月,教育部印发的《大中小学劳动教育指导纲要(试行)》指出,高等学校开展劳动教育应注重围绕创新创业,结合学科专业开展生产劳动和服务性劳动,积累职业经验,培育创造性劳动能力和诚实守信的合法劳动意识。此时的劳动教育被赋予了时代的新内涵。

历史上劳动教育往往将体力劳动和脑力劳动割裂,不认为脑力劳动也是劳动的一种形式,将劳动教育简单地理解为学会下地种田等体力劳动技能。在当代,高校劳动教育作为一种以脑力劳动为主的生产性劳动,其内涵直接指向高深知识的学术性、专业性、实践性和应用性,是个体的自我教育与社会教育的统一。[②] 由此可见,以融合的思维看待体力劳动和脑力劳动是符合时代特征的。[③] 要将创新性劳动、人机结合等脑力劳动的教育作为高校劳动教育新的着力点。高等学校要重点结合学科专业开展劳动活动,注重运用新知识、新技术、新工艺和新方法解决实际问题,在帮助大学生积累劳动经验、提升就业能力的同时,还要培育他们勇担使命、迎难而上的品格。

(二)我国劳动教育的经验传承

自中国共产党领导高等教育以来,大学生劳动教育为培育社会主义合格劳动者做出了不可替代的贡献,积累了宝贵的经验。同时我国的劳动教育也经历

---

① 习近平在全国教育大会上强调:坚持中国特色社会主义教育发展道路 培养德智体美劳全面发展的社会主义建设者和接班人[N].人民日报,2018-09-11.

② 张海生.高校劳动教育的意涵、价值与实践——一种本体论、价值论和方法论的解析[J].大学教育科学,2021(1):53-59.

③ 章乐.从割裂到融合:论当代劳动教育的时代转向[J].教育发展研究,2020(24):21-27.

了一些曲折的探索,为我们留下了一些历史经验和教训。历史和客观地审视这些经验和不足,是在新的历史方位开展大学生劳动教育的必要前提。

1. 坚持马克思主义劳动观开展劳动教育

回顾我国大学生劳动教育近百年历程的经验,即始终坚持马克思主义劳动观。马克思主义认为,教育与生产劳动相结合指的是"现代学校教育和教学同现代机器大工业的生产劳动相结合",旨在通过两者的结合,能使受教育者掌握现代社会所必需的基本的综合技术素养,能使他们的情操受到陶冶,使他们的知识和技能得到充实和提高,从而实现人的自由全面发展[①]。我党历来坚持的教育方针,就是坚持教育与生产劳动的结合。建党初期,中国共产党人已产生了脑力与体力并举、知识与劳动相结合的劳动教育观念。1921年8月,毛泽东在《湖南自修大学组织大纲》中指出:本大学学友为破除文弱之习惯,图脑力与体力之平均发展,并求知识与劳力两阶级之接近,应注意劳动。1949年新中国成立后,我国劳动教育以苏联为师,吸收借鉴了苏联的教育思想、制度和发展模式,这对于改造我国旧教育、传播新教育起了积极的作用。二十世纪五十年代,根据毛泽东同志的讲话精神,"教育与生产劳动相结合"写进了党的教育方针,并纳入国家宪法。尤其是改革开放之后,确定大力发展生产力的根本任务后,教育与生产劳动相结合为国家培养了大量具有社会主义觉悟的劳动者,为促进国家实现"四化"发挥了积极的作用。二十世纪九十年代,《中华人民共和国教育法》明确指出,"教育必须为社会主义现代化建设服务,必须与生产劳动相结合,培养德、智、体等全面发展的社会主义建设者和接班人"。同时有多个重要教育指导文件贯彻这一劳动教育方针。

2. 我国大学生劳动教育的不足

新中国大学生劳动教育的不足主要体现在两个方面。第一个方面是:对劳动教育之于个人发展层面的价值重视不足,劳动教育工具性作用明显。纵观我国历史上劳动教育的开展,会发现在宏观层面劳动教育方针的制定与当时国家发展阶段和政治经济条件密切相关。教育方针特别是劳动教育方针的制定,首先以满足国家的需要为目标,再结合社会发展的需要,来看待人才培养和劳动教育的价值。教育特别是劳动教育具有较强的外生性和工具性特点,较多地强调劳动教育对社会发展的价值,而不是对人本身发展的价值。比如在战争年代,以物质资料生产的形式开展劳动教育,主要是为了适应当时革命根据地遭

[①] 刘世峰.中国教劳结合研究[M].北京:教育科学出版社,1996:10.

受政治封锁,经济物质条件极其困难的境况。高校劳动教育帮助革命根据地实现了经济上的自给自足,也为革命培养了大批政治觉悟高、实战能力强的干部。五六十年代的大学生劳动教育是在我国将经济建设作为重点工作的背景下,以能够迅速适应工作岗位为目标,开展大学生劳动教育,甚至大学阶段就要直接为行业生产服务。以建校劳动开展大学生劳动教育,同样是在高校院系调整的大背景下,为了完成高校的建设任务,被动选择的一种劳动教育方式。而半工半读的劳动教育,亦是在当时学生生活困难,以及国家亟须缓解财政危机的背景下,所选取的劳动教育模式。这些劳动教育体现了较多的国家意志、社会要求和工具性特征,而没有从大学生作为一个全面发展的人的自身发展要求出发来考虑。

十八大以来,党和国家更加注重劳动教育的价值理性,深入探求劳动教育对人的内在尺度的作用。从劳动教育政策的制定上,国家不再仅仅将劳动教育看作技能的训练,而是认识到劳动教育在助力培育"完整的人"的精神情感世界方面的重要作用,更认识到劳动教育之于彰显人生意义的重要价值。从人的精神成长、社会交往、审美追求、创新创造等视角不断拓展新时代劳动教育的内涵和价值。

第二个方面是:劳动教育和知识教育之间的关系没有很好地平衡。在新中国大学生劳动教育发展的过程中,也曾出现偏颇,主要体现为过度地关注劳动教育,导致劳动教育和知识教育之间的关系失衡。如在"教育为工农服务,为生产建设服务"的方针下,劳动教育服务于恢复经济完成社会主义过渡,高校停课停学投入建校劳动,片面强调劳动教育,甚至认为劳动教育可以代替知识教育。又如在"大跃进"与"文化大革命"期间,出现了"劳即是学"甚至"以劳代学"的现象,"教育必须为无产阶级政治服务,必须同生产劳动相结合"的目标被过分强调,造成了教育事业的严重滞后。在21世纪初,应试教育的大背景下,劳动教育的地位又被知识教育挤压。学校没有单独开设劳动教育课程,劳动教育以社会实践等形式出现,但是对劳动教育融入其他课程缺乏顶层设计,因此学校的劳动教育缺乏整体规划,师资、经费等投入也得不到保证。社会和家庭对劳动教育的重要性也认识不到位,社会企业和社区对劳动教育提供的支持不足,家庭对劳动教育的参与和配合不够。

三、国外劳动教育的经验借鉴

纵览近代劳动教育发展历程,苏联、日本、德国都形成了富有本国特色的、符合国情的教育理论体系,认真学习、充分挖掘这些国家的劳动教育的特点和经验,将对推进、形成具有中国特色的劳动教育大有裨益。

(一) 苏联劳动教育的经验借鉴

苏联的劳动教育起源于十月革命前后。十月革命后,苏维埃俄国首次实践了马克思、恩格斯的劳动教育理论。劳动在苏联被认为是社会中最重要的要素之一,劳动塑造了青年一代的社会面貌。但是由于种种原因,苏联劳动教育时而"得宠",时而"落魄",回顾苏联建国后劳动教育所走过的道路,可以说是"三起""三落",其中的经验教训是极其丰富的[①]。具体地说,可以分为以下几个阶段:第一个阶段是十月革命前后苏联的劳动教育。这个阶段,列宁、克鲁普斯卡娅等无产阶级革命者在具体劳动教育实践中,进一步践行和发展了马克思、恩格斯的劳动教育理论。教育和生产劳动、综合技术教育相结合是马、恩教育学说的重要组成部分,在教学实际中,列宁大力倡导教育要同生产劳动相结合,他指出:"为了使普遍生产劳动同普遍教育相结合,显然必然使所有的人都担负参加生产劳动的义务"。列宁的夫人娜·康·克鲁普斯卡娅历史地叙述了教育同生产劳动相结合这一思想的产生和发展。在具体实践中,克鲁普斯卡娅积极地推动读书学校改造为劳动学校。客观地讲,这对改造旧教育,改变旧的教育体制下学生因闭门读书而脱离生产实践,起到了一定的作用。但是,这种教育思想没有正确地辨明一个问题,那就是到底什么样的劳动教育才是正确的马克思主义劳动教育。这就造成当时苏联学校劳动课程设置过多、文化知识教授太少,直接导致当时教学质量不高,这是克鲁普斯卡娅劳动教育思想弊端的显现。第二个阶段是二十世纪二十年代到三十年代的苏联劳动教育。这个阶段,由于当时苏联教育部门领导人教育思想太过激进,造成当时苏联的劳动教育指导思想产生了两种偏向:一种是在实际教学中以手工劳作代替综合技术的教育;第二种是以劳动代替教学。当时,实用的"道尔顿制""设计教学法"等教学思想大行其道,致使学生在校期间习得的文化知识太少,导致实际教学质量急剧下降。第三个阶段是卫国战争时期到1956年的苏联教育。卫国战争期间苏联政府尤其注重劳动教育,在"一切为了前线、一切为了胜利"口号的感召下,苏联大批青少年学生甚至教师脱离课堂,奔赴生产一线,为赢取战争胜利努力。1939年,苏共召开"十八大",提出了教育要为中学生日后工作提供准备的教育指导思

[①] 刘世峰.苏联劳动教育六十年述评[J].全球教育展望,1981(5):17-23.

想。在此教育论调指导下,当时的苏联教育界,关于开展综合技术教育的讨论不绝于耳。苏共"十九大"召开后,苏联政府明确提出要实施综合技术教育,"为了进一步提高普通学校的社会主义教育的意义,为了保证中学毕业生有自由选择职业的条件,着手在中学实施综合技术教育,并采取过渡到普及综合技术教育所必需的措施"①。第四个阶段是赫鲁晓夫、勃列日涅夫统治下的苏联劳动教育。赫鲁晓夫于1958年着手改革教育,其核心问题是加强劳动和职业训练。1964年勃列日涅夫上台后,他的"教育方案"与赫鲁晓夫执政时期截然相反。在这种方案的倡导下,苏联教育开始缩短学制及劳动课程在学校教育课程设置中的比重,取消普通中学的职业训练。第五个阶段是二十世纪八十年代,苏联政府重视大力发展职业技术教育和培训。

苏联劳动教育的特点和启示主要有以下几点:一是强调树立劳动教育理念。重视劳动教育,将劳动教育作为社会主义教育的重要内容,这是苏联教育的重要特征。克鲁普斯卡娅指出:"劳动教育的态度必须从小养成,要让学生明白'不劳动不得食'的道理。"苏霍姆林斯基认为:"劳动教育是劳动与教育的内在统一,也是沟通劳动和教育的重要媒介,它对于学生的全面个性化发展具有十分重要的作用。"②苏联劳动教育注重培养青年人热爱劳动的观点,使他们懂得自己的社会义务,这是向共产主义社会发展的决定性条件。

二是丰富了劳动教育形式。苏联劳动教育主要分为两种形式:一种是包括实习、实验、课堂作业等教学计划在内的劳动教育;另外一种教学计划外的劳动教育,主要包括支农、支教、勤工俭学等。教学计划内的劳动教育与学生专业密切相关,教学外的劳动教育主要安排在假期,按照学生的兴趣爱好进行分配。

三是通过劳动教育助力青年个性培养。1984年1月,苏联《真理报》公布《普通教育学校和职业技术学校改革的基本方针》(草案)。其中指出,教育的社会职能还需要大大加强,在保证高等学校教授必需的知识的同时,应当使青年面向国民经济中的社会公益劳动,并且教育青年从低年级开始参加系统的、有组织的、力所能及的社会公益劳动,这是真正的、社会必需的劳动。学校中劳动教育和教学的目的应该是养成热爱劳动和尊重劳动人民的习惯。

---

① 苏联共产党第十九次代表大会关于1951—1955年苏联发展第五个五年计划的指示[M].人民出版社,1952:29.
② 孙晋超.苏联劳动教育对我国思想政治教育的价值启示[J].世纪桥,2019(3):80-81.

第二章
劳动教育的理论渊源及经验借鉴

（二）日本劳动教育的经验借鉴

日本的劳动教育起源于明治维新时期。日本的劳动教育思想也受到德国凯兴斯泰纳、苏联马卡连柯等教育思想的影响。桥迫和幸等日本著名学者认可马卡连柯的关于教育和生产劳动相结合的观点。他们认为在资本主义制度下，可以通过让学生参加日常活动及组织参观劳动基地的方法，来实现教育与生产劳动相结合，但对集体主义教育仍然持保留意见。日本著名的教育实践家小原国芳在1912年创办玉川学园的过程中，实践"劳作教育"，认为劳作是"劳动"和"创造"的结合，将劳作教育作为实现其"全人教育"理想的十二条教育原则之一。小原国芳认为，只有通过劳动教育，让孩子言行一致、身心如一，才能实现和贯彻全人教育。二战以后，日本政府高度重视劳动教育，以立法的形式固化劳动教育的形式和标准。《教育基本法》中规定"关注职业和生活的关系，培养重视劳动的态度"。《学校教育法》细化规定义务教育的目标之一就是培养关于职业的基础知识与技能、尊重劳动的态度和适应个性选择未来出路的能力等。学习指导要领等教育部门的核心指导文件也均要求各级学校要教给学生有关"劳动基本权利""劳动基准法""雇佣合同"等知识，引导学生感受劳动的意义、劳动的尊严以及引导学生在劳动中实现权利与义务、工作与生活两平衡。

日本劳动教育的特点和启示主要有以下几点：一是不单独设立劳动教育课程，将劳动教育融于其他课程中。纵观国外的劳动教育课程建设，可分为两种，一种是设立独立的劳动教育课程，如俄罗斯、美国、德国；另一种就是不单独设立劳动教育课程，将劳动教育的内容融于其他各个学科的教学中，比如日本。虽然没有单独课程，但是日本对每个学段的劳动教育如何融入其他课程，达到什么样的教学目标均有细致的安排和设计。如在基础教育阶段，通过道德课程和技术、家政课养成学生热爱劳动的态度；通过社会、公民课给学生传授劳动知识和技能；通过综合学习和特别班级活动等让学生参与劳动实践。日本的"研学旅行"也是融合劳动教育的一项特色教育方式。包括"农山渔村体验""农家民宿""职场访问""职场体验""商业体验"等活动，通过"包装"劳动激发孩子对劳动的兴趣，沉浸式学习，增加劳动体验，培养劳动情感，养成劳动观念。

二是紧紧围绕职业教育。日本的劳动教育牢牢抓住职业教育的关键词，并且将职业教育渗透到每个学段当中，对不同学段的学生安排不同的生涯教育内容，形成了贯穿式一体化的职业生涯教育体系。小学阶段就系统地开始引导学生对职业的认知；中学阶段要思考社会中企业的作用与社会责任，思考社会生活中职业的意义和作用；高中阶段思考个人与企业在经济活动中的社会责任，了解少子高龄社会和社会保障、产业结构变化，防治公害和环境保护等问题；到了大学，更注重对劳动法的基本构造和思考方法的学习[①]；在高等教育阶段组织就业体验活动，以培养职业技术人才为目标开展劳动教育，重点帮助大学生认识自我价值与职业选择之间的关系，做好自己的职业生涯规划。如大阪大学作为一所国立综合名牌大学，设计了基础工学部，把"开发基本技术""培养能开发未来革命性技术的人才"作为培养目标[②]。岩手大学是一所国立多科性大学，在十九世纪七十年代，就在农学专业的教学中融入了劳动教育，如组织学生到农村亲自参加农业生产劳动，体会和理解真实的农业，聘请富有经验的农民为学生讲授实践类课程，并开设"农业哲学""农民文学""农村社会""农业法律""农业宣传媒介"等综合性讲座为学生开拓视野。

　　三是营造"学校-家庭-社会"共同关注劳动教育的良好氛围。日本全社会都高度重视劳动教育，日本的融入式劳动教育恰如其分地将学校、家庭和社会的责任联系起来，共同营造了终身劳动的良好教育氛围。在家庭教育方面，日本绝大多数的孩子在家里帮助家长从事家务劳作，家庭也是孩子在学校学习家政课以后的实践场所，在劳动教育中发挥重要作用。家庭教育为劳动教育保驾护航。社会方面，日本《社会教育法》中明确规定：地区和学校互为合作伙伴，合作进行各种各样的活动，主要包括三类活动：协作活动、体验活动和放学后的活动[③]。如"研学旅行"的教育模式，得到日本企业的大力支持。很多大型知名企业将接待学生研学作为每年的重要工作保质保量地完成，设有专门的部门分管这项工作，专门为孩子设计适合他们年龄层次和理解能力的场所和实验室，助力学校完成劳动教育。在日本的高等教育阶段，采用"产官学"联动制度，共同做好大学生劳动在校园以及社会层面的劳动教育。鼓励企业发挥优势开展职业精神培训和职业技术培训等相关教育活动。日本职业院校对教师的称呼为"训练辅导员"，意味着教师既要能从事教学工作，也要能够对学生进行实践和操作方面的教学，开展"双师型"教育教学。一般日本职业院校的教师都要在企业接受为期一年的劳动实践。

---

① 谭琦.职业目标为主的日本劳动教育[J].新课程评论,2020(10):124-128.
② 袁韶莹.德国和日本高等教育与生产劳动相结合的主要经验及发展趋势[J].黑龙江高教研究,1997(3):103-106.
③ 李其,闫宗良.日本劳动教育课程特点及其经验启示[J].教育与装备研究,2022(5):92-96.

第二章
劳动教育的理论渊源及经验借鉴

(三) 德国劳动教育的经验借鉴

德国的劳动教育主要体现为"职业教育",在世界享有盛誉。德国劳动教育历史悠久,有丰富的实践经验。德国的思想家如凯兴斯泰纳等人也对劳动教育产生了深远影响。凯兴斯泰纳认为劳动教育的核心思想,应该是促进学生"精神的发展,道德的适应力和工作本领,应当把劳动职业技能培训和公民精神的道德教化合二为一,旨在培养一批既有文化、掌握职业劳动技能,又拥有强烈社会责任感、驯服听话的劳动者[①]。"也就是学校不仅要做职业培训,还要进行职业道德观教育。德国在全世界开创性的、特色鲜明的职业教育体系的成功运行,帮助德国在第二次世界大战后迅速恢复经济,对如何开展劳动教育具有较高的参考借鉴价值。

德国的大学生劳动教育体制主要特点是以下三个方面。第一个方面是设立高等专科学校。自二十世纪六十年代高等专科学校教育被确立以来,为德国培养了一大批训练有素、适合劳动力市场需要的、能够独立从事职业活动的专业技术人才。德国高等专科学校是德国的高等教育体系中不可或缺的一个重要组成部分,它适应了经济发展的需要,耗资低效率高。二十世纪九十年代德国统一以后,德国五个联邦州政府立法将高等专科学校作为高等教育的一种重要的形式确立下来。

第二个方面是"双元制"辅助开展职业教育。"双元制"指的是德国规定从业者必须接受职业培训(《职业教育法》),职业培训包括校内的职业培训,即中等专科学校、全日制职业学校、高等专科学校等,由州政府管理;还包括用人单位提供的职业培训,有联邦政府管理。两个系统相互融合,相互配合,在不同的场域,根据不同的要求,帮助学生完成职业教育。这些社会层面的职业培训均由《职业培训章程》《职业培训合同法》《职业培训内容和时间安排的建议》等法律法规提出严格具体的要求,以保证企业的职业培训的效果以及与学校内部的职业培训的配合度。调查表明,德国规模较大的企业提供职业培训的比例较高,一些人数较少的企业对职业培训的提供和投入较为欠缺,但是在德国,产业界的自治对职业教育产生了一定的影响。从企业的角度来说,参与职业教育培训,也是为企业自身选拔和培养后备人才,并且以此为渠道与学校、教育系统保持联系,以期更广范围的合作和影响力。

---

① 凯兴斯泰纳.工作学校要义[M].刘钧,译.北京:商务印书馆,1935:94.

第三个方面是国家的过渡系统,帮助一些无法进入以上两个系统的学生完成职业教育。德国初中就开始分流,分为主体中学、实科中学、文法中学和综合中学。其中文法中学最好,实科中学居中,主体中学的学生在文化课的表现上略差,综合中学是前面三种学校的综合。学生要进入高等专科学校和企业内的职业教育都有较高的学业门槛要求,因此,德国从国家顶层设计上,安排了教育过渡系统。力图通过过渡系统,为那些学业成绩达不到全日制职业教育院校的学生,提供课堂、企业等多渠道学习机会,帮助他们提高知识水平和劳动素养,并帮助他们在劳动力市场找到适合的岗位。经过这一套完整的职业教育培训体系培养出的从业者,其收入水平居于德国社会中等水平,成为德国工业生产的中流砥柱。

德国的职业教育给我们的经验借鉴主要有以下两点:一是国家对职业教育的顶层设计起步早、经验多。实施了学校内开展职业教育加上企业内双元制,完成对学生的岗位培训,再辅以国家过渡系统查缺补漏的完整的顶层设计。国家层面制定相应的法律法规规范职业教育活动。德国在二十世纪二十年代,就公布了关于学校劳动课的指导原则,之后又先后在《高等教育总法》《高等教育法》《职业教育法》等法律法规中对职业教育提出法律性规范要求。德国也高度重视对职业教师师资的培养。在高校开设劳动教育专业,完善师资培训体系的课程,构建教师实践平台,形成了"研学、实践见习与认证一体化的劳动师资培养模式"[1],为大学生劳动教育提供了良好的师资力量。

二是企业参与职业培训的积极性得到较好的发挥。德国的"双元制"劳动教育是由用人单位开发和提供的岗位培训,比学徒制更强调职业性和规范性。必须从头到尾完成其规定的模块并完成考核,并在此过程中通过师傅的言传身教和顶岗实习渗透完成对学生职业文化的认同以及职业道德的塑造,企业参与职业培训具有学校职业教育不可替代的教育效果。德国商会通过自治,发挥培训市场的资源配置作用以及师徒交流动能,不断提高行业参与职业教育培训的投入和积极性,使企业成为德国职业教育不可或缺的一股力量。

---

[1] 任平,雷浩.德国劳动教师教育课程体系:结构·特征·经验——以慕尼黑工业大学劳动教育专业为例[J].外国教育研究,2021(7):29-42.

第三章

我国大学生劳动教育模式的历史演进、现实挑战与实践困境

第三章
我国大学生劳动教育模式的历史演进、现实挑战与实践困境

在中国高等教育发展史上，大学生劳动教育在不同的政治经济条件下，因时而变、因势而新，在具体实践的过程中，呈现出几种典型的教育模式。对这些教育模式的考察、梳理和分析，可以为新时代劳动教育模式的创新研究提供实践思路和问题导向，带来历史的反思和借鉴。在此基础上，本章将具体分析新时代大学生劳动教育模式的现实挑战和实践困境，为劳动教育模式创新研究打好现实层面的研究基础。

一、我国大学生劳动教育模式的历史演进

教育模式是指，教育实施过程中包括教育目标、教育者、教育对象、教育内容、教育途径、教育方法、教学条件、教育评价等所有因素，在一定的教学理论或思想的指导下有机组合，形成的结构完整、有特色的、具有可实施性的完整体系。根据高校劳动教育由谁发动、由谁主导和推进，在哪里开展以及开展了什么性质和形式的劳动教育等要素，本章梳理总结了高校劳动教育历史上四种典型的劳动教育模式，定义为：社会动员模式、社会化生产模式、校本模式和行业模式。这四种模式并不是模式的分类，也不是按照时间顺序所做的整理，只是历史上出现的几种典型的模式，他们在教育内容、教育路径、教育方法等教育要素方面都不尽相同，呈现出各自的特点。它们或者是在一定的政治经济条件下自发形成的，或是高校为了加强大学生劳动教育做的有益探索。每种劳动教育模式的实践都值得我们分析和总结，从历史的视角为新时代大学生劳动教育模式的创新研究提供助益。

（一）社会动员模式

以社会动员模式开展大学生劳动教育，是指在特定的历史时期，以官方政治口号、命令等方式为主导，通过社会层面的广泛动员，在高校开展劳动教育的模式。具体而言，是指在一定时间段内，自上而下的，由领导人主导的，以文件的方式下达的，围绕一个主要目标或以一种主要形式高强度地集中开展劳动教育，以期快速达到某个政治或者经济效果。社会动员模式开展劳动教育具有即时性、鼓动性、见效快的特点。社会动员模式主要是在战争时期，以及二十世纪五六十年代的劳动教育中实施。

自1921年中国共产党成立到1949年新中国诞生，中华民族始终处于水深火热的战争之中，中国共产党在抗日民主根据地中兴建了中国人民抗日军事政

治大学、陕北公学、鲁迅艺术学院等一大批高等学校。在物质资料极度缺乏的战争年代,高校劳动教育以一种即时性的、见效快的运动方式展开,能够快速为抗战提供一定的物质支持,同时促进知识分子更加贴近工农群众,增强阶级意识和政治觉悟,从而激发民族自尊心,提高民族凝聚力。

这些高校师生亲自动手投入建校劳动中,以劳动锻炼意志,以劳动贴近群众。毛泽东用"四个没有"概括中国人民抗日军事政治大学:"我们这里要教员,没有;要房子,没有;要教材,没有;要经费,没有。怎么办?就是要我们艰苦奋斗。"中国人民抗日军事政治大学的校舍是靠学生们夜以继日地凿窑洞、造黑板、造石桌、造石椅的劳动而建成的。一部分学子一开始不能理解、不能心甘情愿地参与到建校劳动之中,认为一直凿窑洞怎么能算是学习呢?毛泽东却认为,凿窑洞本身就是学习,知识分子长期脱离劳动,跟工农劳动人民没有共同语言,而劳动则是一座与工农群众联系的桥梁,使知识分子更能体会到劳动人民的疾苦。[①]"过着石器时代的生活,却学习着当代最先进的科学"的中国人民抗日军事政治大学物质条件的艰苦可见一斑,但师生在劳动中学习,在学习中劳动,仍保持革命乐观主义精神。正是因为在教育与生产劳动相结合中的锻炼,大批的知识青年才能理解工农疾苦,以更加勇敢积极的面貌投身到革命中,成长为无产阶级的知识分子和革命者,成为民族抗战的中坚力量。

解放战争时期,解放区面对国民党的经济封锁,毛泽东指出,群众是生产的主体,"自己动手"是解决经济困难的一切回答。中国共产党领导开展了南泥湾大生产运动,之前的"到处是荒山,到处无人烟"变成"平川稻谷香,肥鸭遍池塘,到处是庄稼,遍地是牛羊"。高校师生也积极参与其中,成为一种不可多得的生产力量,通过生产自救运动,实现经济自给自足。党坚持教育与生产劳动相结合的方针,对大批知识分子产生了重要影响,教育了一批干部,培养他们不仅会进行革命,也会发展生产和建设经济。

在战争年代特殊的政治经济条件下,通过社会动员模式开展劳动教育在一定程度上解决了根据地的温饱问题,为经济建设提供了有力的支持,并且通过劳动教育拉进了知识分子与工农群众之间的距离,唤醒了民族意识,培养了爱国主义精神,坚定了抗战胜利的决心与勇气,为新中国成立奠定了思想基础。但这一模式仅是在特殊的战时条件下,我们党为取得军事胜利对劳动教育工

---

① 何长工,陶汉章,李夫克.抗大抗大,越抗越大——回忆毛主席对抗大的亲切关怀[J].教育革命,1977(1):16-20.

性的探索与应用,受制于当时特殊的政治经济条件,此阶段的劳动教育甚至不能算作严格意义上的高等教育,存在缺乏组织性、规范性等弊端。

二十世纪五六十年代,我国的大学生劳动教育也以社会动员模式展开。1957年9月,党的八届三中全会对中国社会主要矛盾做出了错误的判断,由此开始了一系列在生产、文化上的全民"大跃进"运动。在生产上表现为开展"超英赶美"的全民大炼钢铁运动;在文化上则表现为"兴无产阶级思想灭资产阶级思想";高等教育则表现为通过强化劳动教育的方式改造全民思想,坚定无产阶级政治方向。虽然当时党和国家对教育方针也进行了积极努力的调整与探索,但没有战胜"左倾"的大环境。1966年5月,"文化大革命"开始盲目夸大劳动的作用,劳动教育空前扩大化,在高等学校内,师生开始以运动的方式开展劳动教育,教职工离开学校,下放农村,到五七干校或农场参加劳动。正常的教学秩序被严重破坏,在这种教育理念的指导下,理工科学生把教和学都结合在一个典型产品设计与制造的全过程,边干边学;文科学生则需要什么知识就学什么知识。在课程设置上搞实用主义做法,造成基础理论课和专业理论课被砍掉或被大大削减,专业课的教学也搞得支离破碎[①]。甚至出现"以劳代学",边生产、边学习、边炼钢,劳动教育皆以农田、工厂的劳动做工为主,知识的传授几乎被抹杀殆尽,这是对"教育必须为无产阶级政治服务,必须同生产劳动相结合"方针的片面认识和错误贯彻,劳动教育沦为阶级斗争的傀儡。

从中国共产党建党到新中国成立,中国共产党领导的高等学校对"教育与生产实践相结合"的实践是隐性和自觉的。高校劳动教育的社会动员模式有正反两方面的经验和教训。好的方面是,采用社会动员模式开展劳动教育可以在较短时间内动员大学生投身劳动,适应社会发展需要,完成一定的经济建设任务。但采用社会动员模式开展劳动教育的教训也是惨重的,劳动教育被裹挟在政治运动的洪流中,违背教育教学规律,忽视了劳动教育的本体价值,也忽视了学生个人的发展需要,与劳动教育的初衷背道而驰。

(二)社会化生产模式

大学生劳动教育的社会化生产模式是指高校开展劳动教育的过程中,以培养"社会人"为劳动教育的重要目的,通过顶岗实习、公益性义务劳动等方式,在真实的社会劳动情境中锻炼大学生劳动技能,锤炼大学生性格与品行,从而促

---

① 郝维谦,龙正中,张晋峰.中华人民共和国高等教育史[M].北京:新世界出版社,2011:309.

进大学生提高生产实践能力和岗位适应性,成为生产主力军,促进社会生产力发展。社会化生产模式开展大学生劳动教育具有社会性、普适性、公益性的特点。顶岗实习和义务劳动是以社会化生产模式开展大学生劳动教育的主要实践途径。

顶岗实习是指,在校大学生在具备一定专业能力的基础上,奔赴真实的工作岗位从事相关的专业工作并承担一定的岗位责任的一种教育形式。二十世纪九十年代,忻州师范专科学校实施了"扶贫顶岗实习支教"活动,针对教育落后地区师资紧缺的问题,在校师范生一个学期都在贫困地区中小学担当教学工作。师范生通过顶岗实习不仅磨炼了自身教学与管理能力,而且提高了教师崇高的职业责任感,支持了贫困地区的教育。在此之后,随着国家一系列政策法规的出台,顶岗实习越来越多地应用于各大高等院校,且规范性和针对性大大提高。2007年,东北师范大学与周边三省教育厅签订合作协议,安排师范生在三省23个县100所中学开展教学实习,探索大学与地方政府和中小学合作办学的模式。师范大学生进入中小学后,与正式教师混合编组。在教学实践的过程中,正式教师言传身教,师范学生在具体工作任务中提升教学本领和专业能力。顶岗实习成效评价方面,由中学正式教师和大学专业教师共同完成,确保顶岗实习的教育教学效果。

进入新时代,党和国家更加重视顶岗实习对大学生成为"社会人"的促进作用。2021年底,教育部等八部门联合印发《职业学校学生实习管理规定》(以下简称《规定》)。《规定》中明确指出,学生在实习单位的岗位实习时间一般为6个月,应基本覆盖专业所对应岗位(群)的典型工作任务,不得仅安排学生从事简单重复劳动。[1] 岗位实习是高等职业学校学习教育的重要环节,是培养学生职业素养和锻炼实践技能的必要途径,也是顺利实现就业的关键一环。

公益劳动是高校劳动教育社会化生产模式的另一种实践途径。社会化生产模式是对列宁所倡导的"星期六义务劳动"的借鉴与中国化。1919年,苏联"星期六义务劳动"的号召一经发出便得到了热烈响应。"星期六义务劳动"是一种自觉自愿的无报酬的为社会提供的服务和劳动。劳动人民工作热情空前高涨,社会效益显著。1932年中国共产党《执行优待红军条例的实施办法》第三条明确指出,"执行共产党礼拜六工作"。为确保礼拜六工作的落实,1934年

---

[1] 人社部、教育部等八部门印发《职业学校学生实习管理规定》[J].陕西现代职业教育研究,2022(1):8-9.

1月,《优待红军家属礼拜六条例》中对礼拜六工作的参与主体、时间内容、组织性、考察细则做出详细规定。① 1963年3月5日,毛泽东在《人民日报》上题词"向雷锋同志学习",在中国大地上掀起了学习雷锋精神,义务劳动光荣的热潮,大力弘扬助人为乐、无私奉献、热爱劳动的社会主义新风尚。

高校在通过义务劳动开展劳动教育方面也做过很多有益的尝试。天津农学院从1995年开始,把组织大学生参加公益劳动,作为教育的重要组成部分。学校开设公益劳动课程,打卡记录大学生参加劳动情况。要求本科生一学年完成30学时,专科生完成20学时,且教育效果显著,95%的学生完成了课时数,40%的学生甚至超额完成课时数。②

高校以社会化生产模式开展劳动教育,通过岗位实习和公益性劳动的形式,帮助大学生获得劳动体验,在提升劳动技能的同时树立正确的劳动价值观,明白劳动是社会的起源,劳动促进大学生社会化,实现大学生由"自然人"向"社会人"的转变。这种教育模式助力大学生在实现自身全面发展的同时提升社会服务能力,勇担时代使命。但社会化生产模式下的公益性劳动在一定程度上以简单劳动为主,缺乏针对性,忽视了学生的专业性劳动技能的培养和劳动主观能动性的发挥。

(三)校本模式

校本课程是指学校根据自己的办学思想,结合本校的教育教学实际自主进行的课程开发③。基于此,高校劳动教育的校本模式是指高校根据自己的办学理念,结合本校的教育教学实际,充分发挥主观能动性,将劳动教育与学校自身建设相结合的、一种具有独立办学特色的劳动教育模式。校本模式开展劳动教育具有自主性、建设性、助学性等特点。建校劳动、勤工助学和建立校办工厂是以校本模式开展大学生劳动教育的主要实践途径。

校本模式实践的最初探索形式是二十世纪五十年代大批高校内部的"建校劳动"。1952年,按照"以培养工业建设人才和师资为重点,发展专门学院,整顿和加强综合大学"的建设方针,教育部进行高校院系调整。在地区结构上由

---

① 中国共产党中央委员会,中华苏维埃共和国人民委员会.优待红军家属礼拜六条例[N].红色中华,1934-1-16(1).
② 李德志,刘文文,杨秀红.公益劳动有利于学生树立正确的价值观[J].天津农学院学报,1997(1):63-64.
③ 陈旭远.课程与教学论[M].北京:高等教育出版社,2012:128.

沿海向内陆地区迁移,平衡沿海与内陆的发展,调整旧教育中"重文轻武"的原有体系。但高校院系的迁移与合并需要投入大量的人力物力资源,在这样的历史背景下,国内一大批高校开展了以"建校劳动"为主要形式的大学生劳动教育。1952年,天津纺织工业学校建立,曾经参与建校劳动的同学回忆,"当时400亩的学校只建有7座两层的宿舍楼和两座三层的教学楼,其他满目就是荒地,到处是大水坑"。教学设施根本无法满足教学需求,于是学校全体师生不上课,架筐抬土、造舍修路,仅用一个月的时间便基本竣工。1953年,中南财经学院建立,建院初校园环境较差,师生们以极大的热情投入自力更生的建校劳动中,平整操场、植树栽花、修葺道路,不仅为学校节约了一大笔经费,而且增进了全体师生对母校的爱护之情,树立了正确的劳动观念。

以校本模式开展劳动教育的另一种表现形式是在校内勤工助学半工半读。1958年,《人民日报》发表社论《两个好榜样》,倡导为节约国家开支、保证学生的生活需要,"最好的办法就是提倡勤工俭学,使学生以自己的劳动收入解决自己全部或一部分学习和生活的费用"。许多高校学生纷纷成立勤工助学小组,通过简单的织毛衣、纺笤帚等手工劳动,或是以自己的专业技能获得收入解决部分生活费用。1958年,刘少奇在中共中央政治局扩大会议上提出:"我们国家应该有两种主要的学校教育制度和工厂农村的劳动制度:一种是现在的全日制学校教育制度和现在工厂里面、机关里面八小时工作的劳动制度。这是主要的。此外,是不是还可以采用一种制度……,就是半工半读的学校教育制度和半工半读的工厂劳动制度"[1]。1964年至1965年末,全国半工半读学校已达4 000所,"学生从社里来到社里去"。河海大学1965年河川系试点半工半读班,学生在5年当中用60%的时间学习,40%的时间参加专业生产劳动、社会主义教育和当兵。教育方案中把当时全日制的课程做了较大的改变,教学时数有一定压缩,集中力量保证基础课程、基础技能训练,并着重培养分析与解决问题的能力[2]。高校以半工半读、勤工俭学的方式开展劳动教育,强化了"脑力劳动与体力劳动不可分离"的观念,学生通过勤工俭学也减轻了家庭经济负担,并在一定程度上缓解了国家教育财政支出压力。

建立校办工厂是以校本模式开展劳动教育的另一种具体表现形式。二十世纪八十年代初期开始,华南理工大学贯彻党中央在人才培养模式上注重"知

---

[1] 刘少奇.刘少奇选集(下卷)[M].北京:人民出版社,1985:324.
[2] 刘晓群.河海大学校史(1915—1985)[M].南京:河海大学出版社,1990:132-133.

行合一",增强学生科学实验、生产实习实训成效的方针[1],集中人力物力创办机械厂。在校办机械厂建立教学实习车间和教学办公室,由金工教研组主任担任车间主任,挑选热心教育事业、具有丰富金工教学实习经验的工人师傅任副主任。实习指导教师队伍则由几十名思想作风好、工作认真负责、具有熟练操作技能、专业理论知识、文化水平较高和表达能力较强的工人组成。[2] 学生通过金工实习,不仅学到了机械制造工艺知识,锻炼了实践工作能力,而且培养了艰苦奋斗、爱岗敬业的劳动品格,成为社会主义现代化建设急需的应用型人才。

高校以校本模式开展大学生劳动教育,通过组织学生亲力亲为参与建校,不仅支持了母校建设,而且增强了对母校的热爱与归属感,培养了劳动奉献精神。高校通过组织勤工俭学、半工半读以及开办校办工厂开展劳动教育,在一定程度上缓解了学生的经济负担,增强了学生的劳动本领。但校本模式下的大学生劳动教育不论是建校劳动还是勤工俭学半工半读,都不能脱离新中国成立初期经济困难、难以保障温饱的历史背景来考察,大学生所从事的都是无差异化的体力劳动。在实际操作过程中,难以平衡好劳动时间与专业知识学习时间,对高校理论教学造成一定冲击,甚至出现学生生活过度紧张,健康状况下降的情况。

(四)行业模式

大学生劳动教育的行业模式是指,为适应经济发展,解决高校专业所对应行业的科学技术难题,促进大学生就业,在教学环节中注重专业性生产实习实训的效果,在高校专业所涉及行业的学校、企业或者事业单位内开展劳动教育的模式。以行业模式开展大学生劳动教育具有专业性、针对性、科学性等特点。行业模式主要通过大学生直接投身行业建设以及建立"校企合作"基地来实现。

行业模式最典型的表现是大学生直接投身行业建设,取得了丰硕的劳动教育成果。新中国成立之初,党中央高度重视水利建设,佛子岭水库是治理淮河的重大工程。面对美国的经济封锁和苏联专家的撤离,这项工程面临巨大困难。1953年冬,河海大学水工专业数百名大学生来到佛子岭,加入治理淮河的

---

[1] 中共中央 国务院印发 国家中长期教育改革和发展规划纲要(2010—2020年)[J].人民教育,2010(17):2-15.
[2] 刘战.华南理工大学史(1952—1992)[M].广州:华南理工大学出版社,1994:325-326.

建设大军。在总工程师汪胡桢的指导下，大学生白天在工地上挥汗如雨，以"互教互学""能者为师"的方式，在劳动中观摩学习，刻苦钻研。当时我国的科研技术水平还比较落后，很多建设设计方案都是在总工程师汪胡桢的带领下一点一点研究出来。夜晚的佛子岭如同一所"夜校"。虽然这所用茅草、木材搭建起来的"佛子岭大学"生活条件艰苦，却为新中国水利建设贡献了超八成的技术骨干，他们成了新中国水利事业的主力军。高校通过组织大学生参与行业建设开展劳动教育，快速培养了德才兼备、专业素质高、实战能力强的行业劳动大军。

二十世纪八十年代，以行业模式开展大学生劳动教育的具体实践是建立"校企合作"基地。1978年全国科学大会报告指出"高等学校既是教育中心，又是科学研究中心"，将高校的科研工作提到了前所未有的高度。高校开始探索教学、科研、生产三结合，校企合作成为高校开展劳动教育的一种新途径。二十世纪八十年代，浙江水利水电学院实行产学研结合做毕业设计，学校充分利用办学优势，积极联合行业企事业单位，学生在专业教师与专业技术人员的合力指导下，完成了淳安县枫树岭水电站空腹重力坝、新昌县门溪水电站、余姚市横泾水库等众多项目的设计。以这样的形式开展劳动教育，学校依托产学研一体平台，在项目实习实训中锻炼学生制图、测绘等专业技能，为大学生就业做好个人专业技术准备[①]。

以上两种行业模式的实践形式，一个是二十世纪五十年代的初级状态，在行业专业人才匮乏的情况下，大学生充当了行业建设的主力军，同时也成就了劳动教育行业模式在培育行业人才方面的成功。上世纪九十年代的行业模式实践探索，是劳动教育行业模式的进阶状态。高校有意识地打造产学研一体化，加强校企合作，为高校学生提供更为广阔的实习实训条件，帮助高校学生在劳动实践中检验专业课中学到的理论知识，增强专业工作能力，磨砺艰苦奋斗、攻坚克难的劳动精神，引导学生立志破解高精尖科技难题，为行业发展贡献力量。

劳动教育模式的变迁，受制于社会生产实践水平、社会发展对个人能力发展的需要以及国家人才培养目标的设定等多方面因素的影响，是一个时代教育状况的缩影。在新时代开展劳动教育模式的创新，就需要考察新时代的生产力发展水平、新时代大学生的现实状况以及新时代对人才的培养要求，特别是人作为一个生命个体的自身发展的需要，这是展开本研究的重要的现实基础。

---

① 方守湖.浙江水利水电学院校史[M].武汉:武汉大学出版社,2018:125.

第三章
我国大学生劳动教育模式的历史演进、现实挑战与实践困境

表 3.1 展示了我国历史上大学生劳动教育模式在定义、实施时间、特点和不足方面的比较。

表 3.1　我国历史上大学生劳动教育模式比较

劳动教育模式	定义	实施时间	典型案例	特点	不足
社会动员模式	在特定的历史时期，以官方政治口号、命令等方式主导，在全社会动员，并在高校推动的进行劳动的教育	抗战时期	中国共产党在抗日民主根据地中兴建的中国人民抗日军事政治大学、陕北公学、鲁迅艺术学院等一大批高等学校开展	即时性、鼓动性、见效快	劳动教育缺乏组织性、规范性
			南泥湾大生产运动：通过生产自救运动，实现经济自给自足		
		二十世纪五十至六十年代	五七干校：教学工作"三上三下"，学生"社来社去"，"以劳代学"		违背教育教学规律，忽视了劳动教育的本体价值，从而也忽视了学生个人的发展需要，与劳动教育的初衷背道而驰
社会化生产模式	高校开展劳动教育的过程中，以培养"社会人"为劳动教育的重要目的，通过顶岗实习、公益性义务劳动等方式，在真实的社会劳动情境中锻炼大学生劳动技能，锤炼性格与品行，进而促进大学生提高生产实践能力和岗位适应性，培养合格的劳动者成为生产主力军，促进社会生产力发展的模式	二十世纪九十年代至二十一世纪初	顶岗实习：东北师范大学等高校开展	社会性、普适性、公益性	缺乏针对性，忽视了学生的专业性劳动技能的培养和劳动主观能动性的发挥
		二十世纪二十至九十年代	星期六义务劳动、"学雷锋"义务劳动、大学生公益劳动课：在天津农学院等高校开展		

097

续表

劳动教育模式	定义	实施时间	典型案例	特点	不足
校本模式	高校根据自己的办学思想,结合本校的教育教学实际,充分发挥主观能动性,将劳动教育与学校自身建设相结合的一种具有独立办学特色的劳动教育模式	二十世纪五十年代	建校劳动:中南财经学院等高校开展	自主性、建设性、助学性	难以平衡好劳动时间与专业知识学习时间,对理论教学时间造成一定冲击,甚至出现学生生活过度紧张,健康状况下降的情况
		1964年至1965年末	在校内勤工助学半工半读开展劳动教育:河海大学1965年在河川系开展试点半工半读班		
		二十世纪八十年代初	建立校办工厂:华南理工大学等		
行业模式	为适应经济发展,解决高校专业所对应行业的科学技术难题,促进就业,在教学环节中注重专业性生产实习实训的效果,在高校专业所涉行业的学校、企业或者事业单位开展劳动教育的模式	新中国成立之初	佛子岭水库建设:1953年冬,河海大学水工专业数百名大学生参加佛子岭水库建设	专业性、针对性、科学性	对大学生的劳动教育缺乏教学视角的科学规划和安排
		二十世纪八十年代初	建立校办工厂:华南理工大学等		

二、新时代大学生劳动教育模式的现实挑战

"新时代"是中国共产党对中国特色社会主义发展的历史方位的一个重大判断。新时代历史方位是当今中国的现实背景,也是开展大学生劳动教育的社会存在。这个重大判断不仅是一个历史时空的概念,更具有广阔的理论现实意义和实践价值。基于剖析新时代对大学生劳动教育的历史要求,体察大学生劳动教育模式的现实挑战。

(一)社会劳动价值取向的多元与失衡

随着我国社会物质生产水平和人民生活水平的不断提高,消费行为代替动手劳动已成为大学生中的普遍现象,折射出社会劳动价值的多元及偏差,成为新时代大学生劳动教育模式构建的现实挑战。2021年,习近平总书记在全国

第三章
我国大学生劳动教育模式的历史演进、现实挑战与实践困境

脱贫攻坚总结表彰大会上向世界庄严宣告,我国脱贫攻坚计划取得了全面胜利,完成了消除绝对贫困的艰巨任务。2021年,全国居民年人均可支配收入为35 128元,较2020年名义增长9.1%,两年平均增长6.9%。1978年,我国居民的恩格尔系数是63.9%,2021年全国居民恩格尔系数为29.8%,总比1978年下降了34.1%,其中城镇为28.6%,农村为32.7%,当前大学生作为二十世纪九十年代后出生的人群,没有经历过物质上的匮乏,很多大学生不能体会必须通过劳动才能换取生活资料的境况,不理解劳动的价值,尤其不理解体力劳动的价值。

随着我国经济体制改革的推进,市场经济基础制度不断完善。多种经济形式参与社会主义经济建设,多种新型劳动形式、多种获取劳动报酬的方式的出现,对新时代大学生劳动价值观带来不小冲击,劳动价值观日趋多元。大学毕业生向往在"高大上"的写字楼当"白领",排斥在"脏乱差"的工作环境做"蓝领"。或者有不少年轻人直接拒绝劳动,毕业即"啃老"。甚至面对激烈的工作竞争,直接"躺平"。约32%的学生赞同"赚快钱""一夜暴富""不劳而获"的劳动观,对劳动教育的认识狭隘化、功利化。[①] 尤其是随着互联网时代、自媒体时代的全面来临,网购已经是势不可挡的趋势,短视频也正在成为信息传播的媒介。与之带来的弊端是,年轻人越来越不愿意进入实地工作场所,他们更热衷于在家开网店,或者直播带货。格力集团董明珠曾说:"你看我们现在'90后'的年轻人,甚至于'80后'的年轻人,他们不愿意到实体经济去工作,在家里,在网上开个店就可以赚钱,一月赚个一两千块钱,他们觉得也挺好,最起码不受约束,他说我到企业还要打考勤。那这一代人对我们整个国家的发展,它是有隐患的,我认为带来的冲击是挺严重的。"

物质生活资料丰富的当代,大学生普遍出现重视脑力劳动、轻视体力劳动的倾向,劳动观出现失衡和偏差。大学生对劳动观的自我评价数据显示,认为"有劳动观念,不存在问题"的仅占8.7%,认为"有劳动观念,但存在一些问题"的高达66.1%。[②] 首先是大学生劳动意识淡薄。大学生存在不热爱劳动、逃避劳动、追求安逸的现象。约占49.4%的同学"标榜"自己是"佛系青年"[③],部分

---

① 乐晓蓉,胡蕾.新时代高校劳动教育的价值考量与整体推进[J].思想理论教育,2020(5):96-101.
② 蔡文浩,董彦峰,石志恒.财经类高校构建新时代劳动教育体系的实践探索——以兰州财经大学为例[J].中国大学教学,2021(12):10-17.
③ 徐美华,刘轩.当代大学生的"佛系"特征、成因及影响——基于16所高校717名大学生的调查研究[J].重庆高教研究,2022,10(2):117-127.

大学生不再把劳动看作神圣光荣的事情，出现了不尊重劳动果实、铺张浪费，甚至抄袭他人非物质劳动成果等现象。这暴露了我国在基础教育阶段的劳动观念教育不足，以及在应试教育大环境下家庭劳动教育的缺位等问题。其次是大学生择业观出现偏差。在大学生进行职业选择的过程中，还存在轻视体力劳动，害怕承担体力劳动的现象，瞧不起从事体力劳动的劳动人民。调查显示，仅有26.24%的大学生愿意实际从事体力劳动；而有56.40%的大学生认为体力劳动和其他形式劳动同等光荣，但在实际中仍不愿意从事此类劳动。① 部分大学生过于追求物质回报，甚至追求一劳永逸、不劳而获。大学生出现"慢就业""怕吃苦"等现象，艰苦奋斗、吃苦耐劳的劳动精神不够。最后，存在劳动价值的功利性倾向。部分大学生社会责任感不足，担当不够，缺乏奉献精神和感恩祖国、回馈社会的思想意识。非常认同和认同"劳动仅是谋生手段""现在辛苦劳动赚钱就是为了将来脱离劳动"这一观念的大学生占比高达34.1%。② 在职业的选择和规划上，只考虑到自己的个人得失，没有将自身的社会价值和个人价值很好地统一。大多数大学生能意识到奉献的重要意义，但在确立就业规划时，仅有7.41%的大学生关注"国家或社会需要"。③

（二）劳动意愿与实际劳动行动的不平衡

劳动是人的需要，在新时代，劳动更成为人的精神需要，是人民精神生活不可分割的一部分。劳动能创造出更多满足人民精神需要的劳动产品。习近平同志鼓励并赞赏文化创造劳动，并要求文艺创造要根植广大劳动群众，"文艺创作是艰苦的创造性劳动，来不得半点虚假。"④2015年，习近平同志在庆祝"五一"国际劳动节讲话中指出："一切劳动者，只要肯学肯干肯钻研，练就一身真本领，掌握一手好技术，就能立足岗位成长成才，就都能在劳动中发现广阔的天地，在劳动中体现价值、展现风采、感受快乐。"⑤劳动作为人的本质需要，不仅

---

① 张拥军,李剑,徐润成.新时代大学生劳动教育现状及认知影响因素研究——基于湖北省部分高校大学生的实证分析[J].思想教育研究,2020(6):151-155.
② 蔡文浩,董彦峰,石志恒.财经类高校构建新时代劳动教育体系的实践探索——以兰州财经大学为例[J].中国大学教学,2021(12):10-17.
③ 黄岩,杨海莹.新时代大学生人生观状况的调查与思考[J].社会主义核心价值观研究,2021,7(5):85-96.
④ 习近平.在中国文联十大、中国作协九大开幕式上的讲话[N].人民日报,2016-12-01(2).
⑤ 习近平.在庆祝"五一"国际劳动节暨表彰全国劳动模范和先进工作者大会上的讲话[N].人民日报,2015-4-29(2).

创造美好的精神产品,其本身也能给人带来耕耘的愉悦、创造的快乐和收获的满足,滋养人的精神生活。在新时代,劳动要"超越纯粹谋生的范畴,将劳动与自我实现、人生价值、主题选择性与快乐生活等紧密联系起来"[①]。劳动者在劳动权利、劳动荣誉等精神方面的需求比以前大大增加,习近平总书记多次就"劳动者权利""劳动者权益"等作出重要指示,保障劳动者的权益,完善关爱劳动人民的政策法规,体现劳动人民的主体地位和精神世界的丰盈。

与此相对应,大学生劳动意愿与实际劳动行动的不平衡,成为大学生劳动教育模式构建的一大挑战。在满分 10 分的前提下,大学生群体对家庭劳动、学校劳动与社区公益劳动三类劳动的参与意愿得分分别为 7.359、6.775、6.477,处在中等偏上水平。但实际的劳动情况与其劳动参与意愿呈现了截然不同的景象,得分普遍低于参与意愿。[②] 习近平总书记指出,要尊重劳动者的首创精神,在全社会形成劳动光荣、知识崇高、人才宝贵、创造伟大的价值导向,让一切劳动与创新的活力竟相迸发,让一切创造社会财富的源泉充分涌流[③]。大学生愿意也乐于从事创造性劳动,体现独创性和个性,但是创新知识和创新能力明显不足。运用李克特 5 级量表进行调查,大学生实际投入创造性劳动教育行为的均值为 1.5 次左右,处于中等偏低水平。[④] 学会创新劳动要求大学生强基础、会实践、善融通。结合理论基础知识的掌握,在庞杂的信息和多变的环境中迅速找准问题的关键,深层次剖析问题的原因,依靠熟练的实践操作,厚积薄发,实现创新。大学生劳动教育模式要教会大学生创造性劳动,提高大学生以创新能力为核心的劳动综合素养是大学生劳动教育模式构建的重要内容。

(三) 数字化信息化弱化了教育对象的主体性

新时代要求大学生劳动教育适应新型产业形态以及现代科技的发展。人工智能、大数据、云计算等现代信息技术的运用越来越广泛,并给大学生劳动教育提出了新的挑战,对大学生劳动教育的方式、手段和平台提出了更高的要求。

---

① 何云峰.从体面劳动走向自由劳动——对中国"劳动"之变的再探讨[J].探索与争鸣,2015(12):53-58.
② 王玉香,杨克,吴立忠.大中小学青少年劳动状况调研报告——基于全国 30 省份 29229 名学生的实证调查[J].中国青年研究,2021(8):41-49.
③ 习近平.在庆祝"五一"国际劳动节暨表彰全国劳动模范和先进工作者大会上的讲话[N].人民日报,2015-4-29(2).
④ 周君佐,李镓,咸春龙.大学生劳动教育的现状分析与对策建议——基于粤港澳大湾区 6 所高校的调查[J].高教探索,2022(1):122-128.

随着我国产业结构加快升级和现代科技的快速发展,各种新的劳动形式、劳动工具和劳动方法等越来越深刻地影响着人们的生活。如数字化技术、云处理技术、实体与虚拟交互系统、人工智能等等,以人工智能、物联网、区块链等为代表的新一代信息技术正在加速突破应用,以融合机器人、数字化、新材料等为代表的颠覆性技术不断涌现……科技革命的到来将使人类社会及其发展面临新的重大转折,成为世界"百年未有之大变局"的重要"策源地"[①]。人工智能时代,青少年接受劳动教育的现实路径不断增多,青少年可以借助 VR、AI 等人工智能技术,云计算、大数据分析等数字化技术手段接受劳动教育,极大地丰富了劳动教育的智能性和体验感。在新时代,要更多地面向产业升级、新型劳动形态、劳动工具、劳动方法给大学生劳动教育带来的挑战。

与此要求相对应的是,"90 后"一代的大学生在信息化、网络化、数字化的生存环境中,作为教育对象的主体性受到冲击和削弱。人机交流、网络发声、自媒体、短视频等应用越来越广泛,大学生可以通过各种智能终端实现认知和实践,包括信息交换、获取知识、购买服务等,甚至可以通过网络交流及支付替代日常生活所需的传统意义上的体力劳动。网络的虚拟化虽然给生活带来了便捷,但也给大学生劳动教育带来巨大挑战,现实世界日常生活中那些需要劳动实践才能获得和升华的知识难以传递,学生可接触到的有意义的体力劳动和生活性劳动空间被大大挤压,所以要更加有效地提高数字化时代"网络原住民"大学生参与劳动教育的主动性、参与感和有效性。

三、新时代大学生劳动教育模式的实践困境

《意见》和《纲要》的出台给新时代大学生劳动教育提出了新的时代要求,高校开展了多种劳动教育的有益探索和创新。考察当前大学生劳动教育在模式层面的建设现状,仍存在三大困境。

(一)课程化进程滞后及其局限

目前高校劳动教育模式构建中,表现出课程化进程的滞后及其局限。高校劳动教育课程是全面统筹、严密组织劳动教育教学活动全过程的重要载体,建立系统科学的劳动教育课程是高校落实劳动教育的重要环节。然而,目前高校

---

① 王丹.新科技革命与社会发展[D].北京:中共中央党校,2020.

课程化进程陈旧,表现为劳动课程目标不明确、课程主体单一化、课程内容碎片化以及课程评价的简单化和平面化,还没有体现出劳动教育模式的体系效益,从而导致劳动教育模式的无序化与低效率。

其一,课程目标不明晰。课程目标是确保劳动教育模式科学有效的先决条件,课程目标直接作用于课程主体、课程内容确定、课程实施等方面。部分高校构建劳动教育模式过程中,对开展劳动教育的目标缺乏明确定位,如普通高等学校要明确对于研究型人才,劳动教育要以培养大学生创新能力为核心;高职高专院校要明确对技术应用型人才,劳动教育要以培养大学生实战操作的劳动能力为核心。还有部分学校仍存在将劳动教育一味等同于"体力劳动",认为劳动教育就是让学生"下地干活",学习烹饪、手工等劳动技能,从而忽视了劳动教育是一种体现主体幸福的教育,忽视了学生劳动价值观、劳动情怀、劳动精神的培养。

其二,课程主体单一化。劳动教育模式是一个系统工程,是对教育过程中各个要素,按照一定思路、一定目标进行的创新性整合。高校劳动教育课程仅依靠高校教务部门,或者仅仅依靠高校的力量是远远不够的。而目前的大学生劳动教育模式还难以形成家庭、学校、社会协同育人的多主体形态。家庭中仍然有部分父母存在"劳心者治人,劳力者治于人"这种割裂脑力劳动与体力劳动的思想,不利于协同学校开展劳动教育。而企业、社区等也尚未形成提供劳动实践平台、促进产学融合的自觉意识。目前很多高校的劳动教育实践场所还局限于校园内食堂、实验田等。可以容纳更多学生的劳动实践基地,能够为学生提供更专业化、更贴近真实职业体验的企业实习岗位仍待扩展。

其三,课程内容碎片化。教材是教学内容的主要载体。在《意见》出台以前,高校劳动教育被弱化、软化、边缘化,甚至不被看成是一门课程。《意见》出台后,高校普遍开始重视劳动教育,劳动教育教材如雨后春笋般顺势而生。据不完全统计,截至 2022 年 8 月,已出版的高校劳动教育教材已达 20 余部,但劳动教育教材"以通识教材居多,多从劳动学科领域相关学科知识入手,普及必要的实用知识,同质化趋势明显"[①],缺少与地区特色、学校特色相融合的高校自主出版的劳动教育教材。教材内容也呈现碎片化,成为劳动思想的简单堆叠罗列,教材前后内容缺乏联系,无法串联整个劳动教育过程,或者这些教材没有真正运用于引领和指导高校劳动教育,而只是作为参考书被使用。

---

① 徐伟琦,沈晓娜. 新时代大学生劳动教育类图书出版刍议[J]. 出版广角,2021(6):93-95.

其四,课程评价的简单化和平面化。高校劳动教育模式中,课程评价是反映模式构建效能的重要环节。科学全面及时有效的劳动教育课程评价能够及时总结劳动教育开展的成效及不足,促进劳动教育模式不断改进,以适应新时代的新要求。而目前大学生劳动教育模式中课程的评价出现平面化和简单化的问题,多数高校简单地以理论试题、研究报告、劳动成果等阶段性结果作为评价依据,缺乏对劳动课程建设本身以及劳动课程客体的全面性评价。劳动课程建设本体包括,劳动课程的教学设计、教材选用、师资的培训及教学实施、教学平台建设等。劳动课程的客体评价,包括对学生的劳动情感培育、劳动素养养成、劳动能力锻炼等过程性、情感性、增量性的个性评价。

(二) 劳动教育的职业性与创新性不突出

大学生劳动教育模式构建所体现出来的职业性和创新性不突出,主要体现在劳动教育目前还停留在对大学生开展表面化、理论化、碎片化的教育和学习上,没有凸显结合专业的实践锻炼对大学生综合素质养成的独特育人价值。不同于小学和中学阶段,大学劳动教育具有很强的专业性特点,是帮助学生打开职业大门的"钥匙"。专业性体现在两个方面,一是职业性,二是创新性。这里的职业性一方面是指面向大学生所学专业,能够通过在校期间的劳动教育,获取相关行业和职业的实战性劳动训练和实践,为毕业后走向工作岗位奠定良好的基础。职业性的另一方面是指,在社会分工精细化、复杂化的今天,大学生通过对不同职业的体验,对不同劳动角色的理解与共情,进而养成尊重劳动者、珍惜劳动果实的正确劳动价值观,树立正确的择业观与就业观,在本职岗位上实现自我价值,进而实现自由而全面的发展。但是目前,大学生劳动教育模式的职业性不突出,还没能够通过模式的构建和运行,展现出职业实战训练的形式和价值。具体而言,在大学生劳动教育内容上,还停留在理论教育阶段,倾向于通过公共必修课的形式,讲授通识性的劳动思想、劳动理论、行业规范、职业道德等,教育内容上没有和专业教育很好地融合打通,还没有在培养锻炼学生综合职业素养方面做足功夫。在劳动教育的实施方面,职业性劳动教育手段不多、平台缺乏,理论、学习"两张皮",缺乏贯通。很多高校劳动实践教育还局限于日常性劳动技能与专业实习实训,在一定程度上忽视了引导学生与未来多样而真实劳动世界的链接,也未能充分适当地将职业生涯教育、创新创业教育与劳动教育相融合。

大学生劳动教育的创新性是时代所赋予的使命和烙印。面向新时代,创新型国家建设以及国与国之间的竞争的根本是人才的竞争,而人才竞争的根本是创新型人才的竞争。因此更需要的是脑力劳动与体力劳动相结合,具有扎实理论功底、熟练专业技能、勇于创新、擅于创新的高素质劳动者。目前的大学生劳动教育模式构建中,劳动教育本身的创新性不显著。对大学生创新意识、创新思维和创新能力的培养也缺乏后劲。很多高校还只能依托一些活动和赛事来开展创新性劳动教育。这些活动和赛事主要由学生工作队伍组织,甚至还游离于学校的劳动教育体系之外,存在的主要问题一是缺乏对创新性劳动教育的整体设计,没有很好地调动多方资源形成教育模式;二是活动和赛事的参与面偏窄,还没有真正彰显出劳动教育中创新性教育的教育元素和教育成效。

(三)劳动教育的形式与目标之间的紧张与失衡

当前大学生劳动教育模式的构建,虽然在形式上做到了理论教育和实践教育相结合,但是还存在教育形式与教育目标之间紧张与失衡的问题。具体表现为:劳动教育作为校园与职场之间的桥梁,没有很好地衔接学校和社会,在提高大学生社会及职场适应性方面成效不足。

首先,劳动理论教育平面化、形式化,脱离社会现实。《纲要》中明确要求"理论学习和实践锻炼都是劳动教育的必要内容"。目前很多高校的劳动理论教育还机械地停留在课堂内,停留在纸面上。教授劳动理论和指导劳动实践的老师是两支队伍,两支教师队伍之间缺乏交流和融合。劳动教师特别是理论教师,缺乏和行业用人单位等社会层面的交流和接触,没有将劳动理论教育与社会现实相融合,没有从模式构建的高度将劳动理论的学习、理解、检验和应用融通考虑。结果就是劳动理论教育平面化、形式化,思想政治教育属性不凸显,不够生动和深入人心。劳动教育模式的构建没有实现将劳动理论和思想教育,融入社区、融入行业、融入大学生职业发展教育的要求。

其次,劳动实践重形式、轻实效,没有做好与社会的衔接。不少高校简单地将原有的专业实习实训、参与公益劳动等内容直接变成了劳动教育的实践内容。脱离理论指导的劳动实践容易沦为空中楼阁,大学生很难通过单纯的劳动实践实现思想的升华,树立正确的价值观。专业的劳动教育师资在劳动实践中缺位。一方面,不少高校没有抓住专业实习这一开展劳动教育的良好契机,没有安排或者很少安排教师在其中适时开展实践指导、价值引导,导致了劳动实践的形式化与低效率。另一方面,缺少行业、社会力量对大学生劳动教育的深度参与。大学生的社会实践和专业实习过于零散和表面化,实践的时间和深度不够,距离真实的职场劳动较远。虽然在大学生劳动教育中设置劳动实践的环节,但是没有真正将着眼点放在大学生对社会和职场适应性的提高上。

最后,社会资源和力量尚未形成完整的开展劳动教育的意识,未能与高校形成劳动教育合力。劳动教育是衔接学校和社会的最好通道,大学生在大学阶段要做好步入职业的准备。在目前高校劳动教育模式中,虽然有很多专业实习实践,但是多局限于校园内。高校对社会力量的整合还不充分,还没有将社会力量作为模式构建的重要因素来考量。行业专业人士和劳动模范,在劳动教育过程中参与度不够,在引导学生动手操作、凝练反思、阐释体验、形成正确价值观的过程中作用发挥不充分。也缺少社会和行业专业人士,对大学生劳动综合素养以及职场适应性进行关注和评价。

第四章

新时代劳动教育模式的构建原则及主要路径

第四章
新时代劳动教育模式的构建原则及主要路径

探索构建促进学生德智体美劳全面发展的教育体系,是培养时代新人在教育实践领域的历史呼唤。新时代大学生劳动教育模式的构建创新是补齐劳动教育短板,确保五育一体化、长效化的重要一环。本章在回顾新中国劳动教育模式的实践演进、剖析当前现实挑战、分析教育实践困境的基础上,提出新时代劳动教育模式构建的主要原则及现实路径,是开展大学生劳动教育模式构建创新研究的重要前提。

一、大学生劳动教育模式构建的主要原则

2018年9月10日,习近平总书记在全国教育大会上强调,要求将劳动教育与德育、智育、体育、美育置于同一地位,开启五育并举促进学生全面发展的新格局,成为高校教育体系改革的重要目标。劳动教育模式构建是落实劳动教育的重要基础性工作,要求加快建构有信度、有效度的大学生劳动教育模式。

有信度是强调劳动教育的独立学科性质。要打破之前劳动教育被矮化、边缘化的失范现象,重建劳动教育在五育之中与其他四育的平等地位,树立劳动教育是促进人自由而全面发展的重要环节的可信形象。高校劳动教育在很长一段时间以来存在空白或是杂糅现象。其一,劳动教育不再作为一门独立的课程存在,仅能在专业实习等劳动实践中捕捉到劳动教育的残影;其二,劳动不论是在家庭或是学校,常常作为一种体罚形式存在,这一定程度上是对劳动教育形象的污名化,造成了学生对劳动教育的偏见。新时代重提劳动教育,首先要求将劳动教育视作人才培养不可缺少的重要一环,绝不是可有可无的。开展大学生劳动教育体系的重建,要将劳动教育作为独立学科对待,堂堂正正地与德智体美四育共同承担起促进人的全面发展的教育目的。

有效度是指确保大学生劳动教育的有效性,突出强调高校在大学生劳动教育模式建构中的主导地位。劳动教育不是一蹴而就的,而是在不同学段中循序渐进地展开的。这是劳动教育自身特点决定的,也是劳动教育实现综合育人价值的必然要求。在劳动教育大中小学一体化的全过程中,家庭是进行劳动教育的基础,社会为劳动教育提供环境与保障,而学校则在劳动教育中占据主导地位。所以,大学生劳动教育模式建构是以高校为主导,家庭与社会相辅助的多元协同过程。高校在模式构建中不仅要落实立德树人的基本理念,更要结合实际情况建构具有学校特色的劳动教育模式;不仅要充实劳动教育课程教师队伍,更要全面考察本校师生的劳动教育需求;不仅要保证教育模式的顺利实施,

更要通过监督评价及时、适时地对模式构建进行调整,确保教育模式的实效性。针对前文分析的当前大学生劳动教育的实践困境,提出大学生劳动教育模式的构建创新要把握好以下四个主要原则。

(一)促进全面发展的整体性

德智体美劳全面发展育人体系的建设,要求把五育作为一个整体系统来看待。五育虽然各自有各自的教育规律,但是具有同等的重要性,要齐头并进、补齐短板,增强全面发展的整体性。劳动教育在新时代重新作为"主角"回到了全面发展的教育语境中,必须与其他四育相互渗透,有机融合,成为具有发挥协同整体效应育人体系的重要一环。

人类劳动的价值就在于不断改造世界,并推动人实现自身全面发展。在构建德智体美劳全面发展育人体系当中,劳育与德育、智育、体育、美育相互支撑、相互融合,形成一个缺一不可的完整体系,共同实现综合育人功能。大学生劳动教育模式的构建和创新,要处理好劳动教育与德育、智育、体育、美育的关系,促进全面发展的整体性。

以劳树德。劳育是德育的有效补充。劳动教育本质上是一种思想政治教育,是一种道德的养成。劳动教育以马克思主义劳动观为指导,培养大学生树立正确的人生观、价值观、世界观。帮助学生深刻理解社会主义代替资本主义的历史必然性;树立为社会主义建设奋斗的决心;养成良好的职业道德;培养学生的社会公德和社会责任感;形成健康向上的劳动价值观。

以劳增智。劳育与智育相辅相成。智育侧重开发"改造世界的能力",劳动可以认识世界、改造世界,并开拓新的劳动范畴,而新的劳动范畴反过来又可以促进人类提高改造世界的能力,因此,劳动与智慧是密不可分的。劳动教育提升大学生思维的判断力和创造力,促进学生各学科知识的理解掌握和融会贯通。劳动教育检验大学生学到的书本知识,通过劳动实践将所学知识内化,再形成个体能力,从而促进智力的发展,为大学生走向工作岗位奠定了良好的基础。在处理劳育与智育的关系中,还要特别注意处理好劳动教育与专业教育之间的关系。对于大学生来说,劳动教育与专业教育可以说是你中有我、我中有你,浑然天成,不可分割。

以劳强体。劳育与体育既有区别又有关联。劳动是体育的起源,也是促进个体养成健康体魄的重要方法,能够帮助我们激发身体潜能、提高身体素质、增强身心健康。

以劳育美。劳动本身即是美。大学生通过劳动教育形成正确的审美观、提升审美能力,更可以在劳动中创造美。大学生通过劳动体会"劳动最美丽",感受创造社会价值的人民群众是最美的人,创造美好生活的劳动是最值得赞美的。大学生通过自己动手劳动,深刻认识劳动之美,树立"劳动神圣"的审美观。激发主观能动意识和创造潜力,在劳动中,塑造社会主义具有生命力的审美品位,去发现、感受、欣赏和创造真正的美。

综上所述,劳动教育与德育、智育、体育、美育,相互融合、互为补充,是一个不可分割的整体。劳动教育有着其他教育不可替代的功能和价值,又对其他教育起到了良好的促进、补充作用。要在大学生劳动教育模式的构建过程中,综合考虑劳动教育与其他教育的交叉、融合以及互动。通过大学生劳动教育模式的构建,促进大学生全面发展的整体性。

(二)实现理论与实践的互促共进

"实践是检验真理的唯一标准。"马克思主义辩证唯物主义指出理论与实践的辩证统一关系。理论的"概念性"和实践的"现实性"之间有着密不可分的关系,理论引领和反思实践,实践验证和创造理论。《意见》要求积极探索具有中国特色的劳动教育模式,创新体制机制,注重教育实效,实现知行合一,促进学生形成正确的世界观、人生观、价值观。把握好理论与实践的辩证关系,处理好大学生劳动教育中理论与实践之间的关系,实现理论与实践的互促共进,是大学生劳动教育模式构建的主要原则之一。

相较于前几个学段的劳动教育,高校劳动教育更加强调劳动理论学习的深刻性和劳动实践的准职业性。一方面高校劳动教育要将马克思主义劳动观作为理论教学内容,增强理论深度,以历史唯物主义基本理论武装头脑,树立正确的劳动价值观;另一方面,高校劳动实践不应再局限于日常劳动实践,而要进行贴合职业前景的、服务性的、有创造性的生产劳动实践。新时代高校劳动教育中的劳动理论与劳动实践绝不是相互分离的,而应是相互统一、相辅相成的存在。大学生要用理论知识指导劳动实践,"以知促行"。学习马克思主义劳动观的立场、观点和方法,融会贯通辩证唯物主义方法论和历史唯物主义的观点,提高对劳动的认识,培养正确的劳动观。高校劳动教育要以劳动实践为主,在实践中理解劳动理论,树立劳动观念,并使劳动理论在实践中得到进一步深化与检验,实现理论与实践的互促共进。

(三) 实现劳动教育与高校办学特色的对接

《意见》对劳动教育要因地制宜、密切结合办学实际也提出了要求。根据大学的分类,我国的大学主要有研究型大学、应用型大学和技能型大学三种。不同的高校类型人才培养定位不一样,对人才的知识能力结构、劳动素养的侧重点也不一样。

从我国大学的专业分类看,包括理学、工学、医学、农学四个自然科学类和文学、历史学、哲学、经济学、管理学、法学、教育学、艺术学八个人文和社会科学类。不同的专业类型服务社会政治经济的方式方法不同,对大学生劳动素养的要求也不一样。比如艺术学,要注重培养学生根植于人民、热爱劳动人民的劳动情感,具有能创造出人民群众喜闻乐见的文艺作品的劳动素养等等。

不同的高校拥有不同的历史积淀、专业优势、场域特点和文化资源,开展大学生劳动教育,创新构建大学生劳动教育模式要充分发挥高校办学特色和优势,因地制宜地开展大学生劳动教育模式创新,实现劳动教育与高校办学特色的完美对接。

(四) 实现劳动教育体系的多方协同

充分发挥劳动模式的综合育人功能,发挥其思想政治教育属性要实现劳动教育体系多方协同,具体而言要处理好劳动教育中的几对关系:处理好脑力劳动和体力劳动之间的关系,处理好学校劳动教育与家庭劳动教育、社会劳动教育之间的关系、处理好引导与评价之间的关系。

1. 处理好脑力劳动和体力劳动之间的关系

马克思认为,劳动是人运用自己的肢体和智力改造世界的实践活动,也就是说每一种劳动都是体力劳动和脑力劳动的共同支出。没有完全单纯的体力劳动,也没有完全单纯的脑力劳动。随着社会生产力水平的提高,随着知识经济的发展,以及信息技术和人工智能的发展,推动社会进步的因素当中,脑力劳动所占的比例越来越高,创造的社会价值越来越大。

从劳动教育的不同学段对劳动实践要求来看,在基础教育阶段,注重让学生学会生活的基本劳动技能;在中学阶段,要求学生开展职业体验活动,培养职业兴趣;在大学阶段,要求提高职业劳动技能水平,提高在生产实践中发现问题和创造性解决问题的能力,在真实的劳动岗位上为社会做贡献。

由此可见,大学生劳动教育要处理好体力劳动和脑力劳动之间的关系,两者相互支撑,不可偏废。大学生劳动教育离不开体力类的日常生活劳动、物质生产劳动以及服务性劳动的锤炼,让大学生出力流汗,培养艰苦奋斗的劳动精神。同时,还应更多地指向运用思维、创造力以及现代智慧工具所进行的脑力劳动。将以创造力为核心的脑力劳动素养的培养作为高等学校培养"高水平专业人才"目标的价值所向,体现出高等教育与其他学段劳动教育的本质区别。

2. 处理好学校劳动教育与家庭劳动教育、社会劳动教育之间的关系

从场域上说,大学生劳动教育包括学校劳动教育、家庭劳动教育和社会劳动教育,三个场域都为大学生的劳动教育提供了学习和实践的成长平台。

发挥好学校在大学生劳动教育中的主导作用,高等学校在劳动教育中承担主体责任。大学生在学校接受系统的劳动教育,包括劳动理论和劳动实践。大学生学习马克思主义劳动观,实践和提高劳动技能,将所学专业和劳动理论知识以及劳动实践相结合,理论联系实际,提高专业理论和操作水平,培养创新精神,提高专业劳动能力。

家庭劳动教育在大学生劳动教育中具有基础作用,是日常生活劳动实践的基础场所。大学生要掌握必要的家务劳动技能,学会自立、学会处理个人生活事务,树立崇尚劳动的良好家风,养成勤俭节约的良好习惯。

社会场域为大学生劳动教育提供资源的支持和必要保障。大学生可以深入多种劳动场所、劳动企业、非政府组织机构等参与社会劳动,亲密接触真实的职业世界,体验新型劳动形态;参与社区服务,让服务型劳动实践成为一种价值召唤,培养大学生树立奉献精神、集体观念和公益服务意识。此外,大学生还应该主动为全社会营造崇尚劳动、尊重劳动、热爱劳动的社会主义先进文化,弘扬劳动精神,传播正确的劳动价值观,让劳动文化成风化人,在全社会形成文化认同和价值共识。

大学生劳动教育模式的创新构建要立足学校的主导地位和阵地,利用好家庭劳动教育的基础作用,开发好社会劳动教育的优质资源,形成三维立体的大学生劳动教育体系。

3. 处理好引导与评价之间的关系

大学生劳动教育模式的构建要根据不同高校办学特点、学生特点、行业特点等选择适合的教育教学方法,做好教育引导。高校应担负起教育主体责任,统筹协调校园内外的优质资源,为学生量身定做个性化劳动教育方案。加强劳动教育师资队伍建设,发挥思政教师、专业教师、行业专家、岗位能手、劳模工匠等多条战线上的优秀力量为大学生劳动教育提供师资保障。以多种形式开展

劳动教育的理论引导和实践指导。做好劳动教师队伍的培训和考核，打造一支素质高、能力强的教师队伍，形成良好的劳动教育引导力量。

高校建立健全劳动教育课程评价机制是加强劳动教育规范性的重要手段，是衡量劳动教育效果的重要标尺，是劳动教育开展的行动指南。[①] 评价作为教育的重要一环，具有导向、激励、调适、鉴别、反馈等重要功能。大学生劳动教育模式要建立科学、客观、全面的评价体系，真实有效反映大学生在劳动教育过程中的素质增量，充分调动大学生在劳动教育中的主观能动性，提高教师开展劳动教育的针对性和有效性。以多种形式展示大学生劳动教育的成果，包括分享会、演讲、视频、劳动成果展示等。大学生自评和教师评价相结合，学校评价和社会评价相结合，课程评价和过程性评价相结合，形成多主体、全方位、全过程的劳动教育评价体系。

大学生劳动教育模式的构建要处理好教育过程中引导和评价的关系，评价方式要与教学方式的选择相匹配和适应。评价方式要能真实反映教学方式取得的教育效果，真正激发教师和学生参与劳动教育的内在动力。

二、新时代大学生劳动教育模式构建的主要路径

新时代大学生劳动教育模式构建的创新，究竟按照怎样的思路来开展，如何破解新时代劳动教育模式的三个实践困境，本节提出"课程化""项目化""社会化"三条劳动教育模式构建的主要路径。

（一）"课程化"路径

课程是以学校为建构主体，由教师与学生共同参与其中的，为习得某种知识技能而建构的系统而全面的教育实施方案。《意见》要求，高等学校要形成具有综合性、实践性、开放性、针对性的劳动教育课程体系。《纲要》要求把劳动教育纳入高校人才培养方案，形成具有综合性、实践性、开放性、针对性的劳动教育课程体系，且不少于32学时。

在高校"十大育人体系"中，"课程育人"位居首位，其作为高校育人的重要平台、资源载体和实施方略，具有价值性道德归属以及知识和能力价值。美国

---

① 刘向兵,张清宇.中国共产党建党百年以来对劳动教育的探索[J].国家教育行政学院学报,2021(7):28-37.

第四章
新时代劳动教育模式的构建原则及主要路径

课程理论专家多尔提出了后现代课程的"3S"理论,科学性(Science)、叙事性(Story)和精神性(Spirit)。科学性揭示课程知识所隐藏的原理和思维方式,叙事性注重课程过程中的经验参与情景依赖,精神性要求学生通过反思、感悟与觉醒等意义建构的过程获得内隐的精神和文化意义。[①] 采用课程教学的方法开展大学生劳动教育完美契合了大学生劳动教育的思想性、科学性、实践性。

劳动教育模式的"课程化"路径,就是充分发挥课程育人的独特育人价值和功能,通过创新和优化劳动教育课程的供给形式,拓展劳动课程生长点,形成知识与能力贯通,价值与素养融通的机制,实现学生劳动知识、能力、素养的进阶式增值。

"课程化"路径的核心目标是通过课程建设的路径,实现高校劳动教育模式构建的常态化和长效化,有利于提高大学生参加劳动教育的规范性,提高大学生劳动教育的实效。其依托力量主要是高校内部的教务管理部门,协同二级学院的专业建设力量。"课程化"路径实施的场域主要在校园范围内,根据实现教育目标的必要性,拓展到家庭和社区。家庭和社区也是劳动教育"课程化"路径实施的重要参与力量。以"课程化"路径实施劳动教育模式的评价应是以学校评价为主、多主体评价共同完成的,全方位地对学生劳动课程任务的完成情况,给出过程性、情感性、增量性评价。

基于劳动教育的综合性、系统性、实践性特点,大学生劳动教育的"课程化"路径,要特别关注以下几点。

一、把握好课程的要素和环节,落实好劳动教育"课程化"的制度性安排。课程是围绕教育目标所实施的育人过程的总和,包括课程目标、课程内容、课程主体、课程实施、课程资源、课程评价等基本要素。以"课程化"路径实施大学生劳动教育,要科学精准地定位劳动课程目标;全面灵活地安排课程内容;协同培训好教学队伍;规范建立好教学实施体系;盘活用好多种课程资源;设计可视可见可用的课程评价办法。

二、活化课程组织形式,增强劳动课程的跨学科融合,充分体现劳动课程的综合性和整体性。从学科的视角看,劳动教育与社会学、历史学、人类学、心理学等学科都有交叉互动的关系。劳动教育的"课程化"路径要以全学科的站位,领悟和传授劳动教育的本质,融通劳动的"科学世界"和"生活世界",构建劳

---

① 傅维利,刘靖华.公德困境形成的机理及其对学校公德教育的启示[J].教育科学,2017,33(1):18-24.

动教育课程的整体结构。

三、以"实践活动"为整合器,增加劳动课程的开放性和发展性。提供好"操作性课程""研讨式课程""研究性课程"等多种课程形式,贯通第一课堂和第二课堂,实现有形教育和无形教育的充分融合,校内资源和校外资源的充分整合,发挥课程的育人价值。

大学生劳动教育的"课程化路径"就是要回归课程育人的本真路径,立足劳动教育的价值本位,补齐历史上劳动教育课程"缺实践""少融合"的短板,破解目前大学生劳动教育课程化进程陈旧与局限的困局,对劳动教育课程要素不完整、不系统、不互动的问题予以弥补。与前学段的劳动教育做好衔接,建立科学完备的大学生劳动教育课程体系,帮助大学生实现"知识、能力、素养"的三维劳动品质养成。

(二)"项目化"路径

大学生劳动教育具有显著的专业性、实践性、主体性特点。与其他课程相比,离开了主体实践的劳动教育,是无源之水,无本之木,或几乎就不能叫"劳动教育"了。《纲要》要求大学生劳动教育要与专业学习有机融合。与其他学段相比,大学生劳动教育具有更强的专业性、职业性和探究性。高等学校的人才培养目标是培育高素质的专业人才,因此大学生劳动教育要求,应突出以专业为基础的创新性劳动能力的培养,对大学生的专业融合能力、专业创新能力、专业运用能力的培养提出了较高的要求。

大学生劳动教育模式构建的"项目化"路径是指,打破劳动教育与专业教育之间的壁垒,以专业素养为依托探索劳动教育创新形式,以问题为导向开展大学生专业性创造性劳动,以培养目标反向设计专业劳动实践项目的一种劳动教育实施路径。实施"项目化"劳动教育路径要做到:精准化明确劳动教育项目的教育目标;科学化设计劳动教育项目的具体内容;规范化安排劳动教育项目的教育过程;制度化落实劳动教育项目的实施;以互动形式开展劳动教育项目的评价。劳动教育"项目化"路径的实施,要坚持理论性和实践性相结合,教师引导与学生自主探索相结合,团队合作与独立思考相结合。

大学生劳动教育模式的"项目化"构建路径,其核心目标是以"专业性劳动项目"为切入口,实现劳动教育情景化、劳动实践自主化、劳动成果整体化;增强大学生劳动教育的体验感、获得感、成就感。其依托力量主要是二级学院,特别是专业教师队伍,在学生进行"专业化劳动项目"的过程中,将劳动教育融入其中,在组建团队、攻克难关、完成阶段性任务的过程中,实现职业性创新型劳动素养的养成。"项目化"实施路径的实施场域主要在校园范围内,按照必要性,可拓展至相关行业的职业场所。行业的专业指导力量是"项目化"路径实施共同参与的社会力量。其评价主要是对学生在"专业化劳动项目"的完成过程中所体现出的劳动态度、劳动观念、劳动能力等的评价,特别是对其专业创造性劳动能力的评价。

大学生劳动教育"项目化"路径,具有以下优势。

一、将劳动教育与智育,特别是专业教育深度融合。大学生劳动教育应在中小学教会学生"爱劳动、会劳动"的基础上深化和升级,即劳动教育与专业教育的对接和融合。大学生不仅要能学好本专业的劳动本领,还要培养职业道德,养成职业精神,树立"专业报国""治学报国"的远大理想,实现劳动教育与专业教育的相互支撑和深度融合。

二、盘活大学生劳动教育的"存量"和"增量"。近年来,大学生劳动教育受到广泛关注和重视,但也出现了"一招鲜""单打一"的情况。要么简单把专业实习作为劳动教育,要么生硬地增加劳动锻炼的时长,缺乏对大学生劳动教育的统筹安排。以"项目化"路径实施大学生劳动教育,盘活了大学生劳动教育的"存量"和"增量",充分发挥了大学生创新训练计划、专业实习、毕业设计等学习环节的劳动教育属性,真正实现教育与生产劳动的相互渗透、相互促进。

三、激发大学生的探究性思维和创造性劳动能力。劳动创造了人,劳动创造了历史,劳动本身就体现了人的自由创造的本质。新时代的社会主要矛盾是人民日益增长的美好生活需要和不平衡不充分的发展之间的矛盾。美好的生活需要劳动者来创造,人工智能虽然可以取代人的体力劳动、程序性劳动,却无法取代人类的创造性劳动。社会生产力水平越高,物质财富越丰富,越要珍视人的创造价值。大学生劳动教育的"项目化"路径,给大学生提供了综合运用、检验、强化专业理论知识,并在此基础上探索创新知识的全新劳动教育路径。

通过大学生劳动教育"项目化"路径,依托专业教学提升劳动能力,劳动教育助力专业素养养成。以"知"引"行",以"行"促"知"。用劳动理论和专业知识引领专业劳动实践,通过劳动项目的实践强化对劳动理论的体会,加深对专业知识的理解。促进大学生知识吸收,升华劳动价值,形成劳动品格内化,提升劳动素养,实现知行合一。

(三)"社会化"路径

劳动教育具有显著的社会性。人是具有社会性的,劳动的社会性属性更加显著,"劳动是推动人类社会进步的根本力量"①。新时代呼唤全体劳动人民通过劳动创造美好的生活。陶行知认为"社会即学校",就是要让学生在社会这所大学校中学习和接受教育。新时代要求大学生增强劳动体验和实践,要充分发挥劳动教育的开放性、真实性、融合性,引导大学生走出象牙塔,走进多彩的社会生活,体验真实的职业世界。

大学生劳动教育的"社会化"路径就是,将大学生劳动教育放到丰富多彩的社会生活中去,放到社会主义现代化建设的第一线去,通过有针对性地开拓大学生劳动教育场域,在真实情境中构建劳动教育认知路径、搭建劳动能力框架、明确劳动素养网格,细化过程性劳动评价指标,进而开展大学生劳动教育的一种路径。

劳动教育模式构建的"社会化"路径的核心目标是,立足大学生劳动教育的准职业性,提高大学生走向工作岗位之后的社会适应性。其依托力量是高校专业所在行业的行政主管部门、企事业单位、科研单位和服务对象单位等等,为大学生的劳动教育直接面对劳动力市场提供平台、场地、技术和师资方面支持。"社会化"路径的场域主要在大学生所学专业的用人单位。将职业体验前置到大学生在校期间,融入劳动教育之中,提高大学生的劳动综合素养。以"社会化"路径实施大学生劳动教育模式的评价,要兼顾学校和社会两个主体,在构建两支劳动教师队伍的基础上,由两支队伍以不同的视角,对学生的劳动素养养成给出评价。用好评价结果,提高评价结果对大学生提高社会适应性方面的参考价值。

大学生劳动教育"社会化"路径具有以下优势。

一、培养热爱人民的深厚情感。通过社会化劳动教育,大学生走出象牙塔,迈进社会生活的场域中,与普通劳动者共同劳动,向岗位技术能手请教学习,流汗出力,辛勤劳动。大学生通过从事服务性劳动,树立集体主义观念,培养奉献精神和公益服务意识。大学生在劳动集体中感受小我与大我、小家与大家的关系,培养集体主义观念。在集体劳动中,实现个人价值和社会价值的统一。

二、感受生动的劳动关系。习近平总书记说:"劳动关系是最基本的社会关系之一。"②"构建和谐劳动关系,保障劳动者权益"是新时代劳动观的重要组成部分。《纲要》要求,要加强大学生劳动相关法律与政策教育。从技术层面讲,劳动关系教育只有在向社会开放,贯穿家庭、学校、社会各方面,才有可能取

---

① 习近平. 在同全国劳动模范代表座谈时的讲话[N]. 人民日报,2013-04-29(2).
② 习近平. 在庆祝"五一"国际劳动节暨表彰全国劳动模范和先进工作者大会上的讲话[N]. 人民日报,2015-04-29(2).

得实际效果。① 大学生劳动关系及劳动权益的教育内容主要包括教会大学生理解社会主义劳动者的权利与义务，了解劳动关系订立、履行、变更、续订、解除、中止的法律程序，以及学会如何正确处理劳动关系纠纷等等。大学生劳动教育"社会化"路径将大学生劳动关系的教育生活化、立体化、具身化，培养脚踏实地、诚实守信、艰苦奋斗的劳动者。

三、与新型劳动形态密切对接，与行业、产业、职业密切对接。《纲要》要求，高等学校要不断深化产教融合，加强高等学校和行业骨干企业、高新企业的紧密协同。随着科技发展和产业变革，信息化、网络化、数字化的飞速发展，新型行业形态、劳动形态层出不穷，劳动者的能力迭代不断加速。时代呼唤掌握学习能力、善于终身学习的劳动者。劳动教育"社会化"路径立足行业的丰富资源，不断更新大学生劳动教育的方式和手段，确保劳动教育的针对性和有效性。

大学生劳动教育"社会化"路径，从内容上说，融通劳动素养的培养和劳动能力的应用；从场域上说，协同校内劳动教育和社会劳动教育；从成效上说，打通人才培养和社会需求的通道。将时代赋予的劳动价值观内化于心，将实践习得的劳动品质外化于行，体验劳动创造社会价值，增强社会责任感，感受奋斗实现美好生活，提高大学生高质量就业的能力，培养大学生个人生存和发展的能力，为大学生走向工作岗位打下坚实基础。

---

① 兰州财经大学劳动教育研究课题组,庞庆明.新时代高校劳动教育体系构建的四重维度[J].中国高教研究,2021(9):72-76.

第五章

"具身化课程"劳动教育模式的构建

具身认知理论是自二十世纪九十年代起认知科学研究领域的新方向,被认为是"认知科学的革命"。这种观念不再将身体和心灵思维割裂开来看待,而认为心灵和思维是受到身体以及环境强烈影响的活动。这是对"身心二元论"的根本性颠覆。当前的具身认知理论认为,认知过程是具身的,受到身体的物理属性及身体运用的制约。[①] 人的身体的各个器官、组织、神经系统、运动和感知系统对活动参与、对人主观意识的形成具有决定性的影响作用。

马克思和恩格斯在思考存在与思维的关系问题这个哲学基本问题的过程中,也在自己的著作中阐述了具身认知的思想。马克思认为:"全部人类历史的第一个前提无疑是有生命的个人的存在。因此,第一个需要确认的事实就是这些个人的肉体组织以及由此产生的个人对其他自然的关系。"[②]这就是说,人类身体是认知的前提、主体、载体和内容。从认知过程来说,具身是行为思维的主体,就认知结果而言,具身经验和概念图式影响着认知的最终成果。实践是具身认知的途径。人的思维和认知都是在实践的过程中获得建立和发展的。思维和心智的发展需要通过主体身心参与的实践活动,在实践过程中达到主客体的统一,实现存在和思维的统一。

马克思恩格斯认为,劳动是具身的,并深刻影响了人类的认知和发展。首先,劳动创造了人本身。劳动创造了人的身体,劳动改变了人类的"手"及其他器官、肌肉、组织的构造和功能,进化了人的身体结构和整个机体,促使猿成了人。其次,在劳动的过程中,人类获得了语言和社会生活。恩格斯认为,是劳动带动语言的发展,逐步将猿类的意识发展为人类的意识。马克思恩格斯认为劳动是人类与自然、社会之间相互作用的媒介和重要推动力。

劳动教育是具身的。《意见》明确要求,组织开展劳动教育,要让学生动手实践、出力流汗、接受锻炼、磨炼意志。这都是要求劳动教育从"离身"走向"具身",从"身心分离"走向"体脑并用"的范式转变,即肯定了身体图式、肢体经验对劳动价值观形成、劳动素质养成的重要作用。"具身认知"理论为劳动教育模式的探索和创新提供了心理学依据。在"具身认知"理论视角下研究劳动教育,能够解放学生的身体,充分激发学生运动感知系统发挥在劳动教育中的功能,促进学生的具身实践与心智养成的交互。大学生在劳动中通过与环境、同伴以及教师的身心互动,以及身心合一的体验及反思过程,感受积极的劳动情感,构

---

① 陈巍,殷融,张静.具身认知心理学:大脑、身体与心灵的对话[M].北京:科学出版社,2021:14.
② 马克思恩格斯选集(第一卷)[M].北京:人民出版社,2012:146.

建稳定的劳动价值观,提高从事劳动的技能和水平,成为实践的人、全面的人、自由的人。

具身教育课程的核心内涵,既构建身体与精神共同参与的整体课程模式,其实施过程是将身体从理论框架中还原到课程的诸要素之实践场域中,并注重由身体生成的体验学习与生活环境,强调人与人之间的身体互动,摒弃"学习绑架"和"单向灌输",倡导由学习者的身体行动引发的社会性知识构建和概念生成。① 在劳动课程中引入具身认知的概念,是对传统劳动教育分割脑力劳动和体力劳动,重脑力劳动轻体力劳动,重应试轻实践等"去身体化"问题的呼应和回答,是基于劳动教育的具身性、时代性、价值教育属性所做出的新的探索,对突出劳动教育的主体性、提升学生的积极性和自主性、激发学生的能动性和创造性有积极作用。

"具身化课程"的劳动教育模式,就是以大学生劳动教育课程建设为核心,以"具身认知"理论为指导,将大学生四年就读期间所需要接受的所有劳动教育进行具身化设计、整体规划的清单式劳动教育模式。大学生劳动教育课程是高校为培养大学生掌握劳动科学知识、树立正确劳动价值观、锻炼劳动技能、获得职业体验,进行整体性劳动教育,而对其学习进程和教学计划进行建构的实施方案,包含课程目标、课程主体、课程实施、课程资源、课程评价等要素。"具身化课程"的劳动教育模式,不是简单地开设一门劳动教育课,也不是简单地为大学生劳动教育寻找几个依托课程。而是通过"具身化"的手段,将大学生所有的劳动教育内容分类、整合,包括课堂学习、实践活动、融入性课程、体验反思、师生互动等内容均纳入课程设计,通盘考虑每一项具身劳动的教育目标达成、教学手段运用、教学情境营造、教学方案的实施、教学师资的选择、教学评价的方法等要素,构建完成"具身化课程"劳动教育模式。

"课程学之父"博比特曾经把课程分为"定向的训练"和"非定向的训练"。实际上就是指,课程不只有"学校课程",还有"非正式课程"。校内外结合,才可以完成对成人后生活的"明确的、充分的"准备。② 在"具身化"劳动教育课程中,所有参与劳动相关教学活动的教师、行业专家、劳动模范,都是劳动教育的师资队伍;所有的具身实践都算入劳动教育课程的学时;所有的实践平台,包括校内、校外,都是劳动教育的资源,并且有一整套完整、有弹性、可执行的学时学

---

① 陈乐乐.具身教育课程的内涵、理论基础和实践路向[J].课程·教材·教法,2016(10):11-18.
② BOBBITT F. The Curriculum[M]. Cambridge,MA.:Houghton Mifflin Company,1918:36.

分计算方法。

"具身化"劳动教育是大学生劳动教育模式"课程化"路径的实施和深化。劳动教育构建"具身化课程"模式,具有计划性、生成性、情境性的特点。计划性指,所有的具身劳动教育内容都是围绕教学目标提前设计并实施。所选择的具身活动方式也充分考虑到教学目标与教学内容的特点,构建最优具身活动情境,采用适当的组织形式和活动方式,利用人工智能、互联网等现代科技手段,完成具身劳动课程所规定的教学计划。

生成性是指,具身劳动课程是将学生新旧具身经验有机整合,促进学生具身劳动能力养成的动态过程。大学生具身劳动教育要立足生活、立足职场,打通学生生活世界和精神世界的桥梁,体现具身劳动的主体性,引导学生进入"自主体知"的舒适状态。通过过程性反思引导学生的劳动意志由"他律"走向"自律",是外在具身与内在心灵的双向超越。

情境性是指,基于具身认知的情境性特点,要在情境中进行"具身劳动课程",通过情境创设激发学生的具身体验,释放"多巴胺",产生劳动幸福感和获得感,提高思维的活跃度,促成学生身心和谐统一、知行合一。做好专业性具身劳动环境的创设,既要利用自然环境、现代科技等提高劳动情境的硬件条件,更要关注具身情境中的文化气息营造,利用好环境中的隐形劳动教育资源。

"具身化课程"劳动教育模式,适用于几乎所有的大学类型和专业,基于其计划性、生成性、情境性的特点,在劳动教育的规范性和科学性上实现了对历史上"社会动员模式"的超越。

一、"具身化课程"劳动教育模式的框架

"具身化课程"劳动教育模式分为课程内部体系和外部体系两大部分。课程内部体系,以课程目标体系为中心,分为课程内容体系、课程建设主体体系、师资队伍体系和课程评价体系四大部分。课程的"具身化"实施路径包括具身教学活动、师生具身互动、体验式具身环境及具身情境创设。课程外部体系包括政策与制度环境、社会及企业的平台和资金支持、家庭环境支持以及社会舆论与环境四个方面。详见"具身化课程"劳动教育模式框架图(图5.1)。

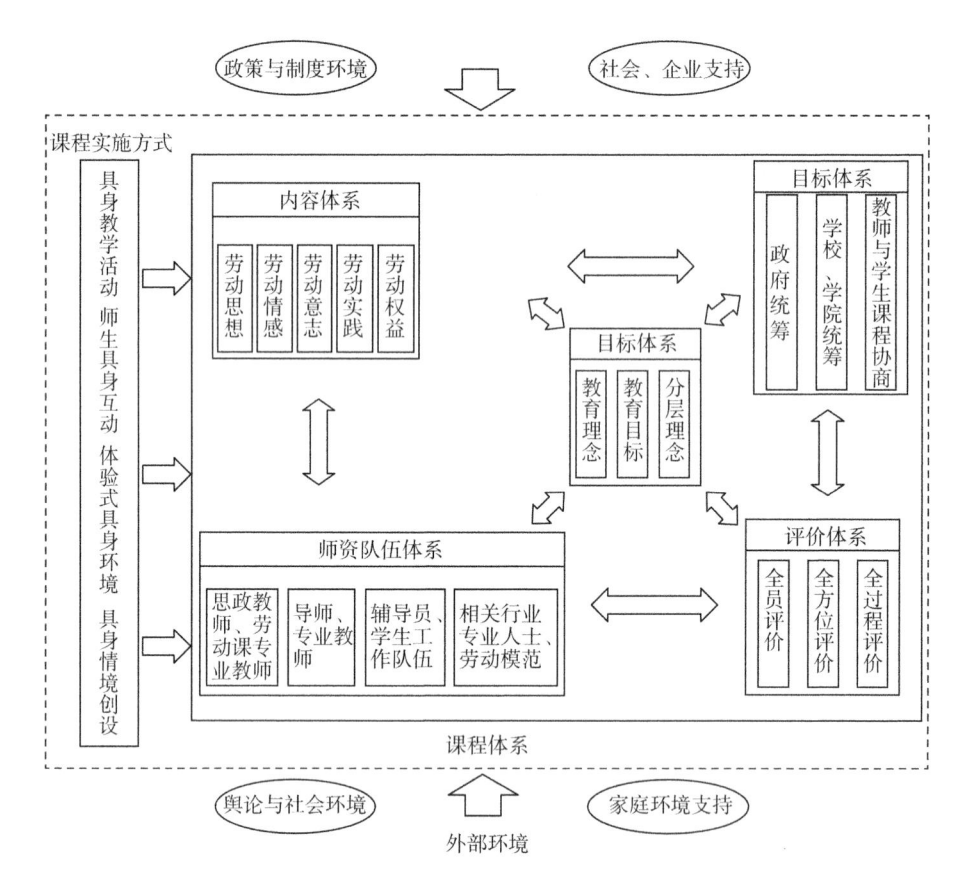

图 5.1 "具身化课程"劳动教育模式框架图

(一)身体在场,知行合一的具身劳动课程目标

课程目标是劳动教育课程建设的先决条件,课程目标直接决定课程主体、课程内容确定、课程实施等方面。"具身化"劳动课程目标体系是劳动教育模式框架的核心。目标体系包括教育理念、教育目标以及教育分层目标。

我国高等教育的人才培养理念经过近一百年的发展,历经了新中国成立初期的"专业人才观"、"文化大革命"时期的"普通劳动者人才观"、改革开放时期的"四有人才和全面发展人才观"以及综合改革期的"创新人才观"四个阶段[①]。

---

① 贺腾飞,寇福明.我国高等教育人才培养理念七十年的创新与展望[J].当代教育科学,2020(4):7-12.

第五章 "具身化课程"劳动教育模式的构建

新时代,高校人才培养要树立在立德树人理念上,通过内涵式发展培养全面发展、终身向学的高素质人才。劳动树人是立德树人之根本和动力,为纠正"知行不一""身心分离""脱离实践"的难题指明了方向,彰显了马克思主义关于脑力劳动和体力劳动和谐发展的人的全面发展学说。[1] 劳动教育要在这样的要求和背景下,突出大学生劳动教育的主体性和具身性特点。"具身化课程"的劳动教育模式的构建,以"知行合一引领全面发展"为培养理念,以具身认知理论为指导,明确了教育目标、教育内容等要素。

"具身化课程"劳动教育模式的目标是通过课程建设,根据学生的身体与精神需要细化大学生劳动教育内容,以学生的身体作为媒介,通过学生的身体认知、身体情感、身体意志、身体行动,构建"身心合一"的劳动教育课程。这种劳动教育课程协同大学生劳动教育主体,调动"具身化"大学生劳动教育资源,创设"具身化"劳动教育情境,统筹"体验反思式"大学生劳动教育评价,实现劳动教育人才培养目标。

"具身化课程"的劳动教育模式的分层目标,是紧紧落实立德树人根本任务,将劳动教育课程目标从知、情、意、行四个层次进行细化,即观念性劳动教育目标和行动性劳动教育目标兼具。大学生劳动教育从本质上说是一种价值观的教育,其教育目标不同于一般的专业课程以获取某种知识或技能为目标,劳动教育要求最终内化为学生的一种价值规范和道德品质。一个人道德品质的形成和发展,有一个外部认知到情感认可到内化于行的过程,就是在一定外界环境因素影响下人们内在的知、情、意、行诸要素辩证运动、均衡发展的过程。[2] "知"即学习理论知识,学习劳动思想、树立正确的劳动教育观,包括中国优秀传统劳动文化、马克思主义劳动观等,认识到劳动教育的重要意义。"情"即劳动情感,主要是要求大学生感受到劳动光荣、劳动伟大的情感,进而热爱劳动、感恩劳动。"意"即劳动意志,要求大学生通过体会中华民族五千年源远流长的文化,学习劳动模范、大国工匠的榜样事迹,培养爱岗敬业、不怕吃苦、勇于创新的劳动精神,锻造顽强的劳动意志。"行"即价值践行,要求大学生强化身体实践,激发创新创造。"行"是具身劳动、知行合一目标的关键,也是分层目标中最重要的一环,因为掌握一定劳动技能是大学生走进职业世界的钥匙。不同类型的高校应在劳动"行"的教育过程中,细致把握本校的劳动教育具体目标。大学生

---

[1] 孟万金.具身德育:背景、内涵、创新——论新时代具身德育[J].中国特殊教育,2017(11):69-73.
[2] 陈万柏,张耀灿.思想政治教育学原理(第三版)[M].北京:高等教育出版社,2015:128.

在身体力行的劳动实践中检验理论知识,锻炼劳动技能,体悟劳动情感,践行劳动精神。通过开展日常性劳动实践、生产性劳动实践和服务型劳动实践,强化主体实践,激发创新创造。另外大学生毕业后即将进入职业世界,"和谐劳动关系"是新时代劳动教育思想重要组成部分。《纲要》明确要求高等学校要加强劳动相关法律与政策教育。因此在完成知行合一劳动教育过程的基础上,同时要教育大学生懂法守法,做合格的社会主义劳动者。要求大学生要了解我国劳动权的内容及法律保障,理解劳动保护的内涵、劳动权益的救济等基本法律概念,能够明晰大学生在求职、就业过程中的劳动安全隐患,学会签订劳动合同,学会化解劳动关系纠纷。

(二)完善"多重感知"的具身劳动课程内容

课程内容是静态理论知识与动态现实活动的总和,课程内容的设置、选择与组织是课程设计的关键要素。"具身化劳动教育"课程的内容建设,为学生提供"多重性身体感知",帮助学生感受自己身体的本质需要,在劳动课程内容的安排上,给学生提供各种劳动方法和技能的运用。具体而言,具身化劳动课程的内容建设,遵循人的认知过程、情感过程和意识过程之间相互联系、相互作用的原理,建构劳动观教育+具身展示、劳动情感模拟+具身感知、劳动意志培育+具身实践、劳动技能学习+具身应用的"多重感知"劳动课程内容体系。将劳动教育与通识教育、专业教育与创新创业教育有机结合,贯彻人才培养全过程。

在劳动思想的教学内容中,要求学生主动研究、展示和分享自己对理论和思想的认识和理解,开展理论辩论赛和读书分享研讨会,通过具身展示巩固劳动理论的学习,并且要结合自己的具身体验来反思对劳动思想的理解。在劳动情感教学部分,组织多种形式的具身感知活动,如通过"讲述劳模故事,传承劳模精神"、走访劳模与'大国工匠'、观看优秀影片等,调动多种试听触感知手段,搭建具有能充分调动具身感知的环境,帮助学生体验积极的劳动情感,培育美好的劳动情感,给学生提供丰富的开放的跨界融合的实践机会。受教育者通过体验真实劳动,充分调动自己的身体和心智,切身体会劳动艰辛,锻造劳动意志,从而发自内心尊重劳动、珍惜劳动。

"多重感知"的具身劳动课程内容的各部分不是割裂的、简单划分课时的,而是有机融合,互相渗透的。劳动课程内部的教学内容要互相整合,通过设置"劳动专题体验和研讨"等方式,以关联性整体性思维,打通劳动思想、劳动情感、劳动技能等教学模块。课程教学内容不局限于教室之内,要融入大学生的专业学习、志愿服务和社会生活,实现劳动课程与学科、社会文化整合、社会及校园环境的整合。

(三)具身劳动课程建设主体协同

《意见》中要求,高校开展劳动教育课程要"整合家庭、学校、社会各方面力量"。"具身劳动课程"建设的系统性特点,决定了要多主体共同承担课程建构责任。

1. 政府统筹指导

政府部门强化统筹协调,各级党委统筹安排劳动教育工作,明确相关部门职责。如教育部门根据地方特色出台劳动教育实施指导意见,财政部门保证劳动教育经费支持,宣传部门及时跟进宣传,营造劳动教育氛围等。[1] 各部门各尽其责、通力协作保障劳动教育工作协调高效开展。政府统筹社会资源为高校劳动教育课程提供环境和平台支持,如:社会宣传文化为开展劳动教育课程提供积极的舆论环境;劳动模范、"大国工匠"是具身劳动教育课程"行走的活教材";企业、社区为具身劳动教育课程提供实践平台等等。

2. 学校发挥课程建构主体作用

学校在课程体系建构中占据主导地位,学校各部门应积极承担建设责任,履行各自职责,形成课程建构合力。高校教务处积极组织落实课程建设,"打通劳动教育课程建设最后一公里"[2],将高校劳动教育课程落实到人才培养方案。高校应结合高校办学特色,考查学生劳动教育需要,明确适合本校学生的具身劳动教育课程目标,统筹各专业制定劳动教育培养方案。二级学院是落实培养方案、推进课程实施的主体。具体负责开展具有专业特色的、有针对性的劳动教育课程。开发"学科+劳动""专业+劳动""班级+劳动"等不同层面的具身劳动教学形式,挖掘不同学科、专业的具身劳动教育元素,构建各专业有特色的劳动教育"物性"教学环境,帮助大学生通过具身劳动实践,以"认知—实践—反思—再实践—再认知"的过程,实现知情意行的统一,完成劳动教育目标。在高校劳动教育课程建设初期,课程实施方案不是一成不变的,而应根据课程实施效果的评价进行及时反馈,适时调整,保证学校具身劳动教育课程良性动态发展。

---

[1] 我省出台《实施意见》全面加强大中小学劳动教育[N].江苏教育报,2021-03-12(1).
[2] 汤素娥,柳礼泉.高校劳动教育课程化的价值意蕴与实践方略[J].思想理论教育导刊,2021(1):99-103.

高校要致力于多渠道开发家庭、学校、社会的具身课程场域，拓展劳动教育的身体参与时空。只有自由的、开放的、生动的劳动环境才能充分调动学生的身体感知，促使学生的身体经验转化为劳动意志和技能。校园文化也是具身劳动教育课程不容忽视的隐性资源，通过校园环境营造、校园文化活动开展，采用青年学生喜爱的短视频、直播等网络媒介形式宣传弘扬劳动精神。高校还应将家庭日常性劳动和社会实践纳入劳动教育课程，对大学生家庭日常劳动实践做出清单式的具身实践要求，请家长做好引导、督促和评价。构建实际职业具身劳动情境，加强大学生具身劳动的真实感、带入感、成就感。

3. 大学生具身参与课程协商

互动性是具身认知的显著特点。具身劳动教育课程中，教师要充分尊重学生的精神世界与主体意识。教师要尊重学生的差异性，发挥学生的主观能动性，引导学生积极参与到具身课堂建设中来。通过师生的具身交往互动、协商与反馈生成课程目标，灵活确定课程内容。在学生具有个性化、独立性的身体展示过程中，与教师的针对性指导教学形成良性的教学相长的互动。教师在互动中体察学生的劳动素质养成，在课程协商中提高课程质量。这种生成性具身课程模式能较好地激发学生对劳动教育的积极回应和主动探究，防止课堂的僵化与形式化。

（四）具身劳动教育课程师资多方面充实

劳动教育师资队伍建设是具身劳动教育课程实施的重要保障。但是目前，我国高校仅有中国劳动关系学院、天津职业技术师范大学等为数不多的几所高等院校设置了劳动教育专业，而且其人才培养目标主要是为中小学劳动教育培养师资力量。目前大学生劳动教育的师资队伍主要包括：思政教师、导师和专业教师、政治辅导员等学生工作队伍以及相关行业专业人士、劳动模范这四个方面的力量共同组成。

教师是具身劳动教育课程设计的承担者和实施教学的主导者。高校应加强对劳动教育师资队伍建设。培训教师队伍理解"具身认知理论"以及具身劳动课程构建的理念和方法路径，采取多种措施鼓励更多教师致力于劳动课程的建设和教学。加强教师劳动素养培训，对承担劳动课程的师资进行专项培训，以形成具身劳动课程教育合力。四支队伍要发挥自己在具身劳动课程中的不同教育优势：如学生工作队伍通过与学生朝夕相处，言传身教培育学生的劳动情感；相关行业专业人士自身的专业奋斗经历与大学生所学专业密切相关，可以引导大学生参与具身实践,提高应用劳动技能;要充分发挥劳动模范的榜样示范力量,可通过劳动进校园、参观劳模工作室等途径塑造学生劳动意识,激发大学生奋斗和奉献精神。

具身认知理论强调身体作为媒介影响认知过程的重要性。教师队伍要提高劳动教育敏感度和身体媒介的灵活运用能力。教师要"借助我的语言,借助我的身体,我与他人相适应"[①],通过亲身示范、肢体语言、赏识性语言、手势等沟通和教学方法,充分彰显劳动教育的思想政治教育属性,体察学生的劳动教育需求,引发学生的情感共鸣,从而圆满落实具身展示劳动思想、具身感知劳动情感、具身实践劳动精神、具身应用劳动技能这四个具身劳动课程内容板块的教学任务。在"学校—家庭—社会"联动的具身劳动教育场中,构建平等、和谐的互动模式,在潜移默化中构建身体在场、感怀心灵的多重感知具身劳动课程现场。

二、"具身化课程"劳动教育体系的运行

依据"具身认知"理论构建具身化劳动课程具有其独特的"具身"特点,决定了"具身化课程"的劳动教育模式的多路径实施以及"体验反思式"课程评价方式。

(一) 具身劳动课程的多路径实施

劳动学习中首要特点是它的"物性",也就是说,它是由物理的身体,特别是手作为工具媒介与外界进行交流互动的,而不是抽象的思维层面的活动。在具身劳动课程中,就是要让身体运动起来,将身体经验和肢体的无意识参与等有价值的部分纳入课程的实施过程。充分尊重和利用"身体图式",通过"手脑并用",将直接经验整合形成稳定成熟的认知。具身劳动课程具有涉身性、互动性、体验性、情境性四个特点。这和陶行知先生"行是知之始,知是行之成"的理念是相互支持和佐证的。所以具身劳动课程要引导学生在一定的环境中,多路径实施具身劳动教育课程。

1. 丰富形式,发挥具身活动在劳动教育课程中的正向功能

由马克思的理论可得出,实践是具身认知的途径,而具身活动是实践的课

---

① [法]莫里斯·梅洛-庞蒂. 世界的散文[M]. 杨大春,译. 北京:商务印书馆,2005:18-19.

程化体现。大学生在具身活动中,做到身体在场、心智参与、精神升华,实现劳动教育的具身转向。通过大学生主体的实践活动,体知身体律动、感悟劳动情感、体会劳动意志,收获劳动价值,实现劳动教育的具身化和情境化。因此,教育者要有意识地设计和开展具有教育意义的适当的具身劳动活动,在活动中调动大学生的主观能动性和创造力,增强大学生的协调性、创造性和适应性。帮助学习者在组织调动自己体力脑力各组织的过程中,在多样化的劳动形态和情境中,重组具身经验和图式,获得新的思维智慧和概念化认知。在活动的组织过程中,可采用问题导向法、专题研究法、案例研讨法、翻转课堂等多种形式,结合教学内容,选用具身展示、具身感知、具身实践、具身应用、具体活动,激活学习者的身体感知、强化身体体验。

2. 互动式具身课程,为学生提供积极情感体验,实现个性化劳动教育

在具身劳动课程中,教师要将自己的身心全情投入到具身教育中,与学生展开高质量、全方位的互动,为学生提供积极情感体验,实现个性化劳动教育。通过引导性动作或语言,创造师生、生生的高质量交流机会,引导学生表达感受并强化认知。组织好学生个体与个体之间的互动、集体与集体之间的互动、个人与集体之间的互动。拓展交流形式,通过面对面、纸质的、远程的、虚拟的、一对一的、一对多的互动,提高互动交流的便利性和有效性,全方位引导和影响学生的具身劳动体验。通过与学生身体的、心理的、情感的教学相长,帮助学生固化操作性的能力,打造正面情绪,经历积极情感体验,建立健康心理状态,形成价值性认知。充分利用评价在课程教学中的杠杆作用,重视学生在劳动过程中的具身参与度和情感投入程度以及劳动素质养成效果,开展情感性、价值性教学目标实现的评估。如学生对劳动的认识如何,劳动过程的情感体验,面对困难的态度,正确劳动价值观的增量,以及在具身劳动实践过程中与他人、与环境的良好互动,团队协作等形成性指标,这些都需要在教师与学生的亲密有效互动过程中方可完成。

3. 创建能够强化学生具身体验感、多样化个性化的具身劳动环境

在具身劳动课程构建中,具身活动是与环境互动的体验和交互过程。体验是指通过一定的真实、现实的活动,在人的大脑中产生印象和感受,并以此构建情感以及产生意义的过程。因此要创设多样化、具身化、交互式的具身劳动教育场所,为具身劳动课程提供身历其境的体验,引发学生具身劳动的"场共鸣"。创设交互式的具身劳动环境,既要求学生与劳动对象、身体与环境的互动,也要求教师和学生、学生与学生之间保持动态的随时的反馈和交流,以实现身体共

同参与以及与环境的互动,促进品格的养成。教师要进行必要和充分的演示和示范,帮助学生将身体记忆转化为经验心智,在此基础上再进行凝练和创新。创建多样性的具身劳动空间,既要有依托学校、家庭、社会环境创设的自然环境,能提供生活化劳动的环境,如校园建设、家庭劳动、社会志愿服务等普适性具身劳动环境;也要有结合专业特点、满足学生个性选择需求的劳动环境,从而唤起身体的感知,激发学生的主观能动性和内在学习动力,促进学生发展性素养养成。大学生通过体验创造性劳动,增强学生的专业认同感和自豪感,提高职业性劳动素养。劳动体验环境的具身化,要求学生能够在劳动实践过程中充分调动身体的各个感知器官,以各种虚拟或现实的手段让学生听、看、闻、触,全方位与劳动对象交互感知,深度参与具身过程,并与已有的情感和经验相互作用和融合,内化为主体的实践智慧。

4. 利用现代科技,打造虚拟与实体融合的沉浸式具身劳动教育情境

虚拟现实技术所搭建的学习环境可以让学习者在虚拟世界体验真实世界中的情感,能够以近乎仿真的形式参与到自我探索中,对于推动浸润式情感教学与互动教学具有积极的作用。[1] 在人工智能时代,通过虚拟环境,开展具身实践,也是劳动教育课程化实施的关键路径,有利于发挥学生的具身实践主体性,彰显学生劳动实践的个性化。如对于一些危险系数较高的劳动体验,对于路途比较遥远或者其他原因无法亲临劳动现场的情况,通过微课堂、"人工智能+劳动教育"等开拓具身劳动的新天地。要在打造虚拟的沉浸式具身劳动教育情境的同时,注重虚实结合,关注学生的体脑并用。人工智能给予了学生更多自主获取和选择教学资源的机会,导致学生的具身劳动学习差异化更加明显,教师要做好引导,尊重学生的个性化特点和要求,在线下开展线下同步学习以及同伴协作劳动。

(二)"体验—反思"式具身课程评价多维度完成

具身劳动教育课程的评价是具身的、情感的、过程性的、个性化的。具身的"身心统一"要求,反思是大学生劳动教育转向具身,并走向深入、深层和深刻的内在机制。[2] 反思是与身体活动密切相关的主体实践,是具身劳动的延续,是对具身体验的思考、整理和深化。通过不断的"体验—反思—再体验—再反思"

---

[1] 戴永辉,徐波,陈海建.人工智能对混合式教学的促进及生态链构建[J].现代远程教育研究,2018(2):24-31.

[2] 崔友兴.论大学生劳动教育的具身转向及其实现路径[J].黑龙江高教研究,2020(12):22-27.

的过程,促进体验的升华,内化为主体经验再外化为身体行动,养成健康稳定的劳动价值观。"体验式反思"既包括学生对自身及同伴的具身劳动学习成效的结果性反思,也包括剖析身体实践过程在自身劳动素养提高过程中作用机理的过程性反思,形成自我教育、终身劳动的良好素养。还包括任课教师反思具身实践在劳动教育课程中的效果和不足,如具身劳动活动的安排、具身劳动环境的创设、具身劳动过程中互动的效果等,以便对具身劳动教学安排做出调整和改进。要将"体验—反思"经常化、常态化、持续化。"体验—反思"式具身劳动课程评价体系应全员、全方位、全过程多维度完成。

1. 全员评价

全员评价是指劳动教育课程评价对象的"全员"以及"全员"参与评价两方面。评价对象的"全员"是指,要分别对学生、教师和课程做出评价。"全员"参与评价是指教师、家长、学生、用人单位等多主体均参与课程评价。一般的高校课程主要由教师来评价学生对课程目标的完成情况,但具身劳动教育课程的开放性、实践性、系统性等特点决定了不能忽视家长、用人单位等主体的评价。除此之外,还应启发学生进行自我评价,在"体验—反思"中促进自身劳动素养的提升。在多主体评价的过程中,应摒弃单一客观机械的评价指标,而应突出具身劳动的主体性和个性化特点,以人的全面发展为着眼点,灵活开展具身劳动的评价,多方共同筛选具身劳动表现中的评价观测点,形成具有示范和反思价值的劳动评价结论。对具身劳动课程任课教师的评价,要注重对教师自身劳动素养、教学态度、教学能力、具身投入情况、课程资源开发与利用等多个方面的综合评价。对劳动教育课程建设的评价,则要牢牢把握课程目标的设置和实现、课程内容的充实、课程的实施等方面,做好增值评价。

2. 全方位评价

全方位评价主要是指劳动教育课程要对大学生劳动素养进行整体性增量性评价。具体实施来说,对高校劳动教育课程理论学习可以采取考试或课程论文、主题汇报等方式,考察对大学生对马克思主义劳动观的理解、劳动科学知识的掌握、劳动法律的认知、劳动价值观的形成等。对劳动实践课程的评价,应采取更为灵活的方式,如项目研讨、仿真教学、实地走访、模拟实践等,对大学生劳动态度、劳动技能的提升、专业知识的运用、职业技能的提高等方面进行增量性、情感性评价。

3. 全过程评价

全过程评价一方面是指关注学生具身劳动学习的全过程。在小组劳动、个体劳动等不同具身劳动组织中,使用自评或互评的方式,评价学生的劳动态度、劳动情感、劳动技能、劳动成果等,将具身实践、劳动学习和劳动评价融为一体,贯穿具身劳动课程的全过程。实时记录学生在具身劳动过程中的情感表达、思想收获、意志增值和物化成果。另一方面是指将评价贯穿于学生个人发展的全过程。根据具身劳动的生成性和整全性特点,大学生在完成劳动教育课程的过程中,其劳动观念的转变、劳动习惯的养成、劳动实践的提高、职业意识的觉醒等方面都是一个动态发展的过程,要通过前后对比对大学生的素养提高进行过程性评价。高校要建立起贯穿学生成长全过程的"劳动档案袋",持久动态地记录大学生的劳动素养发展。

"具身化课程"的大学生劳动教育以"具身+"劳动教育活动贯穿了大学生四年的全部劳动教育内容。可以劳动课程清单为评价切入口,每个具身活动均安排相应的具身实践任务清单并附以学时,要求大学生在四年的时间内完成一定要求的学时,方可获得劳动教育课程的成绩。

"具身化课程"大学生劳动教育课程,作为本科生的必修课,共10个学分,至少完成200个实践学时,1个学时对应的时间为45分钟。大学的前三个学年,在各类别累计获得实践学时均需满足最低要求,累计获得实践学时达200个(含)以上,课程合格,成绩计为85分;累计获得实践学时达240个(含)以上,课程合格,成绩计为95分。大一至大三学年,某一单项或累计实践学时未满足最低要求的,课程不合格,成绩计为55分。课程初评不合格者,可在毕业学年的6月份前补修,在补足所差实践学时后该课程合格,成绩计为80分;在毕业前仍未达到实践学时要求,必须在最长学习年限内按照学校相关规定进行重修后获得相应学分。[①]

学生每完成一项具身劳动活动,由相关评价主体从劳动观念、劳动情感、劳动能力等方面给出评价结论,经认定可获得相应学时。也有部分学时可以由学生灵活自主选择具身活动。自主参加的具身活动学时认定不超过10个,自主认定总学时封顶60个。同一活动不可在不同类别重复认定。

以具身化课程建设为核心的大学生劳动教育模式的创新,是新时代推进劳动教育的支点,是高校三全育人的具体实践,也是构建新时代德智体美劳全面发展教育体系的切入点。要实现劳动教育课程真正的具身化,必须打通劳动教育课程各要素、各方面、各领域之间的壁垒,实现深度耦合,跨越学习课堂的约

---

① 鲁扬,杨天,戴媛媛.大学生劳动教育[M].南京:南京大学出版社,2021:6.

束,突破学科之界、课程之界,建设开放融合、横纵交叉的劳动教育新模式。

三、案例分析

笔者在 2021 年出版了《大学生劳动教育》一书,该书的定位是作为普通高等学校大学生劳动教育的必修课用书,是大学生掌握劳动理论、提高劳动素质、投身劳动实践的公共性课程,也可作为大学生课外提高劳动综合素养的教师和学生参考用书。教材作为探索和实践"具身化"劳动教育模式构建的一种尝试,设计安排了四个部分,分别是思想篇、素养篇、实践篇、权益篇,共十四个章节,整体构建了"具身化课程"劳动教育模式的基本框架。下面从分别从具身劳动课程的目标体系、内容体系、教育主体体系、实施路径、评价体系五大方面来阐释。

首先是知行合一的课程目标。从总体上看,《大学生劳动教育》的内容设置和具体实施都紧紧围绕具身劳动课程的目标展开,兼具观念性和行动性,满足了学生知、情、意、行四个方面的发展需要,能够在思想和实践等多方面培养综合性人才。按章节来划分,每一部分都根据其核心内容设置了具体的学习目标、课堂导入、拓展阅读和思考实践板块,充分调动学生的主体性和实际参与性,让学生既动脑又动身,从而增加劳动认知、培养劳动情感、磨炼劳动意志、规范劳动行为,真正实现"身心合一"的具身课程目标。

以思想篇中的第三章为例,"树立正确的劳动价值观"这一章的课程目标首先是在知识层面让学生了解劳动和工作的意义以及劳动对整个民族进步所发挥的巨大作用,对正确的劳动价值观进行理解和认知。进而在情感上学会尊重、热爱、创新劳动,最终落脚到其自身劳动价值观和劳动习惯的形成,这是意志和行为方面的目标。对于大学阶段的学生来说,他们的劳动观正处于逐渐形成的关键时期,既渴望了解更多与劳动有关的内容,又容易受到消极因素的影响。该章所呈现的核心内容既贴合时代要求又与大学生实际生活密切相关,对于引导他们树立正确的劳动观具有重要意义。首先,前四个部分将知识性内容与古今劳动事例相结合,为学生阐释了劳动与劳动者的关系。让他们通过学习榜样模范的精神品质,设身处地体会尊重和热爱劳动的重要意义,从而勉励自己积极投身劳动实践,锻炼自身技能,学会并创新劳动。拓展阅读部分更是与学生的实际生活密切关联,能够帮助学生拓展劳动知识面,并反思自己的劳动行为,在实践中不断向无私奉献的劳动者看齐。该章思考实践部分的主题班会则为学生创造了一个良好的教育情境,让他们能够充分发挥自主性,整理并分

第五章
"具身化课程"劳动教育模式的构建

享个人观点,更加深刻地理解劳模精神和正确劳动观。

可以看出,课程目标的实现不仅指学生在劳动教育课程中学到了相关理论知识,还需要其将自身情感与劳动的意义和价值结合,并在劳动实践中持续践行、不断思考,达到对正确劳动价值观精神上的认同和行为上的一致。

第二,是多重感知的课程内容。除了密切贴合课程目标外,该书的内容设置紧扣高校立德树人的根本任务,以学生的全面发展需要为依据,将马克思主义劳动观、新时代劳动观、树立正确的劳动价值观、劳动品质、劳动能力等章节作为核心内容,编排全面。同时,以实践篇作为重要组成部分,引导学生能够将静态知识应用到动态实践中,通过亲身展示或体验来践行课堂上学到的劳动素养及品质,用劳动贯穿其德、智、体、美等多方面的发展。

该书的第四章为"劳动与大学生的全面发展",以劳动为线索将课程内容分为了"以劳树德""以劳增智""以劳强体""以劳育美"四个部分,符合新时代人才培养要求,有利于帮助大学生健全人格、适应社会,实现德智体美劳全面发展。除了呈现上述四部分理论知识外,在拓展阅读板块还列举了四篇故事性文章,与德、智、体、美一一对应,吸引学生展开阅读的同时能够引发其对自身劳动经验和行为的思考,让他们在潜移默化中向事例中的劳动榜样看齐。第四篇故事"敦煌壁画内和壁画外的劳动者",除了文字外还辅之以生动的图片呈现,让学生能够更清晰地观察敦煌石窟的营造者是如何靠他们勤劳的双手创造出如此辉煌的劳动成果,从而加深学生对劳动景象的深刻体验。思考实践板块的三部分内容则从不同的角度提出问题进行引导,分别让学生联系社会主义核心价值观、与劳动场景有关的诗歌、马克思主义实践理论来思考劳动的价值意蕴以及对智力的提升。针对具体问题,学生可以亲身参与调查,在获得劳动理论知识的基础上投身劳动实践,进而深化其劳动情感和意志。最后还针对大学生体测需要,呈现了相应的劳动锻炼计划表,让学生根据自己的需要和实际行为进行填写,督促自己更加积极地参与劳动实践。

第四章中的课程内容虽按照不同标准分为了独立的四部分,但各部分之间是相互关联的,是以"劳动"为线索,串联起了知识性、情感性、经验性、行动性等多个方面的内容,能够充分调动大学生已有的劳动经历和体验,并在此基础上形成更加完善的劳动素养与品质。

第三,是课程建设主题和师资队伍。具身劳动课程的建设主体是多元的,总体上包括政府、学校、教师、学生,其中政府部门负责整体统筹与部署,学校则将其推进落实,构建更加行之有效的课程体系。老师和学生在课程建设中属于更加具体的实施者,通过具身交往互动实现课程目标。

以该书第八章的内容设计为例,分析上述多主体在具身劳动课程的发挥的作用,可以更加清晰地认识具身劳动课程建设的系统性特点。首先,该章的课堂导入部分直接以2020年国务院印发的《中共中央 国务院关于全面加强新时代大中小学劳动教育的意见》和教育部印发的《大中小学劳动教育指导纲要(试行)》展开,体现了政府在劳动教育课程建设工作中的参与。这也让学生能够更加直观地了解新时代国家对劳动教育的指导和要求,同时后续的课程内容也以文件要求为指导展开。其次,该章在阐述"大学生劳动实践的参与方式"时,提到学校承担着劳动教育的主体责任,需要通过开设劳动课程、组织劳动实践、提供劳动平台等发挥作用,让大学生有机会、有平台亲身参与劳动实践,从而激发劳动热情。此外,大学生作为具身劳动课程的主要参与者,其个性和需要应当得到充分的尊重和满足。该章为大学生提供了大一到大四期间可以参与的劳动实践活动,并制定了相应的学习目标,让他们可以根据自身需要和兴趣自行选择,从而帮助其主动探索、发展个性。

除了政府、学校、大学生主体,教师也是课程建设的主要组成部分,其队伍的构成、素质的高低深刻影响着具身劳动教育课程的实施。该书分为思想篇、素养篇、实践篇、权益篇四部分,不同内容的教学需要依靠不同的师资力量。其中,思政课教师主要负责劳动教育与思政课程的融合,针对劳动思想和劳动素养展开教学。导师和专业教师则负责将劳动教育和专业课教学结合,带领学生亲身投入行业实践,培养其专业劳动技能。辅导员等学生工作队伍主要在大学生的日常生活中对其展开劳动教育,包括教材中提到的宿舍卫生、校园志愿活动等。此外,该教材中列举的相关行业专业人士的劳动事例以及劳动模范的感人举动也是师资力量的重要组成部分,能够与大学生的生活、学习以及未来工作产生密切联系,更容易引发共鸣,让他们积极参与劳动,提升整体素养。

第四,多路径实施具身劳动课程。具身劳动课程在实施的过程中,应当注重学生的参与感和主体性,通过组织多样的教育活动、师生正向互动、创设具身劳动环境、利用现代科技等多种途径让学生的"身体动起来"。教材中的案例展示、学习链接、拓展阅读、思考实践等板块的设计符合具身课程的实施要求,能够让教师利用案例研讨法、问题导向法、专题研究法、翻转课堂等方式为学生创设多样的劳动情境,从而激活他们的身体感知、强化身体体验。

《大学生劳动教育》一书第十一章"服务性劳动实践"这部分内容中,要求授课教师做好"三下乡""青年红色筑梦之旅""三支一扶"等劳动专项实践活动的指导工作。书中有多个优秀劳动案例展示,且案例内容与大学生的日常学习和生活实践密切相关,都是他们亲身参与过或想要参与的活动,例如校园志愿服务、暑期社会实践等。以书中"三下乡""青年红色筑梦之旅""三支一扶"等专项实践活动为例,做好此类专项实践活动的指导工作。在课堂上,让有参与经验的学生在课堂上讲述实践经历,分享收获和启示,同时鼓励未参与过的同学提出疑问,积极参与。在此过程中教师通过与学生的具身交流互动,对他们的行动作出肯定的评价和反馈,帮助学生打造正向劳动情感体验。还可以根据书中不同的实践专题将学生分组,鼓励学生小组之间进行交流和互动,分享个人不同的实践经历。此外,教师借助多媒体技术向学生展示优秀实践案例的纪录片,讲解教材中有代表性的人物事例如罗磊、任杰等,让学生和模范的人物实现跨时空对话。教材中呈现的劳动实践案例涉及的地点丰富多样,包含了校园、社区、革命老区、西部地区等,教师可根据不同学生的需求组织不同环境下的实践活动。其中校园和社区活动最为方便,指导教师可以和学生共同参与其中,与学生保持动态的随时的反馈和交流,帮助学生将身体记忆转化为经验心智。该章的思考实践板块为学生呈现了社会实践团队立项申报书,并提醒学生填写时的要求和注意事项等,让他们对社会实践的开始过程有了更加直观的了解。

总之,教材不同内容的篇章可以通过不同的路径开展教学,思想篇和素养篇更加注重对学生的情感熏陶和意志锻炼,实践篇则以学生的亲身实践、技能训练为重点,充分彰显劳动课程的具身性。

第五,多维度的具身课程评价。"体验—反思"式评价是具身劳动课程的重要一环,教材在编排过程中十分注重发挥主体作用,强化对学生的评价激励。该教材为普通高等学校大学生建立"大学生劳动教育课程成绩单",列出大学生在校期间的劳动学习、劳动实践清单,规定动作和自选动作兼备。探索主客观相结合、家庭学校社会共同参与的大学生劳动评价体系。激发大学生发挥主观能动性,体验劳动的艰辛和收获的快乐,教育和引导大学生跳出劳动教育课程,实现自身的全面发展。

该书在多个章节设置了劳动计划表和自我评定量表,让学生能够对自己一周或一学期的劳动计划进行安排,在实际进行后再根据完成效果进行自我评价,反思不足。例如第四章的"一周劳动打卡表",指导学生对照体测的相关标准,结合大学生三种劳动类型对自己的劳动锻炼进行测评,激励学生对标《国家学生体质健康标准》。第六章的学习链接板块为学生提供了"职业能力倾向自我评定量表",学生可以根据自己现阶段的兴趣和能力测评未来职业倾向,帮助他们在成长过程中对自己有一个较为清晰的定位和认识,有利于更好地规划其职业生涯。

此外,对于一些劳动实践课程,教材在思考实践板块设置了案例研讨、班会展示、模拟实践等方式,便于对学生的课堂学习进行更加全面的评价。例如第三章关于劳动模范的主题班会,学生作为班会的主讲人阐述走访考察结果和自我感悟,其他学生和教师可以在与其交流互动中进行评价,从而加深讲述者的心理体验,完善不足。教材最后设置了劳动教育课程成绩单,引导学生能够对自己在本学期的表现和学习成果进行阶段性的自我评价,以此发现不足,弥补短板,以及方便校内教师以及校外劳动实践教师对大学生作出劳动教育评价。

从多维度对具身劳动课程进行评价,主要目的不在于评优评劣,而在于改进。将学生的劳动理论学习和实践参与成果进行评定,一方面肯定他们的劳动成果,通过正向激励强化其劳动情感体验;另一方面则让学生通过具身反思,发现自身不足,从而朝着正确的方向继续努力。

第六章

"行动力导向"劳动教育模式的构建

第六章 "行动力导向"劳动教育模式的构建

行动力是自主的行动者的行动能力[①]。自主意味着行动者在自愿的情形下采取的行动,是有目的的、有计划的,运用技能开展有针对性的活动,以达到预期的效果。人类行动的特征表现在秩序性、心理过程的互动性和目标导向性等方面。[②] 信心、意志力、自我效能可以促使行动者采取行动,使执行状况变得更好。

十六世纪罗马圣卢卡艺术与建筑学院的项目教学法是将行动导向理论用于教育的最早尝试。二十世纪初,德国教育家凯兴斯泰纳的"工作学校",致力于通过手工实际操作及脑力劳动的配合,来提升学生的认知和行动水平。[③] 二十世纪八十年代,埃利奥特强调"内隐学习"在具有相对明确目标的教学型行动中的作用,强调教学是"反思式实践"与"反思式教学"的相互作用。[④]

行动导向是一种教学思想,是一种教学理念,强调将学生的职业综合能力作为教学目标,将关键能力的培养始终渗透在教学过程中,通过"完整的行动模式"开展教学过程。[⑤] "行动力导向"教育模式强调以学生为主体,由师生共同确立行动目标并将其作为指引,通过在教学过程中的探索式学习和师生互动,来建构知识,重组经验,达到体力劳动和脑力劳动的统一。

行动力导向教学的特征包括以下几点。第一,一切教学互动围绕学生开展,以学生的兴趣及思路为主体,强调学生与学生之间的合作与交流。第二,教学的开展以解决事实问题为切入口,不强调知识的系统性,突出教学实践的独创性和综合性,以开放式的行动结果作为教学目标。第三,推进学生自我管理的教学管理模式,学生在确定目标、制定行动计划、调整计划以及实施行动的过程中,发挥自主行动的能力,教师在教学过程中是咨询者和帮助者的身份。第四,以提高学生的专业运用及实际操作能力、解决实际问题的能力为核心,突出教育的"准职业"特征。第五,行动力导向的评价是反思互动式的评价,以是否完成行动目标为综合评价标准,教师应关注学生在行动的各个环节中展示出来的能力以及职业能力的提高。本书在大学生劳动教育模式创新的研究中,主要采用了"项目教学法"来构建以专业性、职业性、创新性为主要培养目标的劳动

[①] 田曼.行动力的规范之维——从布拉特曼的观点看[J].云南大学学报(社会科学版),2021,20(2):34-41.

[②] 赵志群,[德]海尔伯特·罗什.职业教育行动力导向的教学[M].北京:清华大学出版社,2016:4.

[③] 赵志群,[德]海尔伯特·罗什.职业教育行动力导向的教学[M].北京:清华大学出版社,2016:1.

[④] 张新宁,王翔,张忙巧.基于行动力导向法的职业学校课堂学生学习评价探讨[M].成都:西南交通大学出版社,2021:17.

[⑤] 柳燕君.现代职业教育教学模式:职业教育行动导向教学模式研究与实践[M].北京:机械工业出版社,2013:12.

教育模式。

习近平总书记指出,发展是第一要务,人才是第一资源,创新是第一动力。[①] 要以教育驱动科技创新、驱动人才创新。当前我国大学生劳动教育职业性和创新性明显不足,劳动教育与专业学习"两张皮"。教育部、人社部、工信部联合发布《制造业人才发展规划指南》数据显示,2020年我国重点领域的技能型人才缺口超过1 900万,且该数据将不断扩大,预计在2025年将接近3 000万。时代的发展要求大学生劳动教育能够紧紧围绕创新能力的培养,与所学专业深度融合,切实提高实际动手操作能力和解决具体困难的能力。

我国大学生劳动教育模式的探索历程中,都高度重视劳动实践在劳动教育中重要地位,在"社会化生产"和"校本模式"的实践中,都尝试给大学生提供实际劳动的机会,包括"金工实习""建校劳动""半工半读"等形式。这些劳动实践开展的背景或是源于高校自身建设的需要,或是为了减轻大学生的经济压力,给劳动教育赋予了更多的实用主义功能,而没有将劳动教育本身作为教育来思考。这就导致历史上"社会化生产"和"校本"劳动教育模式,缺乏顶层设计和劳动教育整体规划,对学生的劳动行为的引导、安排、设计以及如何评价等过程不明晰,没有平衡好专业学习与劳动实践之间的关系,甚至对专业理论学习的时间造成了冲击,缺乏专业针对性,忽视了大学生的专业性劳动技能的培养和创造性劳动能力的提高。以项目教学法实施"行动力导向"劳动教育模式,是以行动导向理论为基础,按照大学生劳动教育模式构建的"项目化"实施路径,具有专业性、创新性和主体性特点,在劳动教育与专业对接、教师科学指导方面,实现了对历史上"社会化生产"和"校本"两种劳动教育模式的超越。

以项目教学法开展劳动教育的"行动力导向"劳动教育模式,从新时代大学生专业性、职业性、创新性劳动素养的要求出发,以培养大学生的劳动实践行动能力为关键核心,以劳动项目为教育主线,紧贴大学生专业学习内容,引导大学生在完成这个项目的全过程中培养劳动意识、体会劳动情感、锻炼劳动技能、提高劳动素质。"行动力导向"劳动教育模式适合研究型大学采用,适合自然科学类的大学生在校内的劳动学习和实践。

以项目教学法实施"行动力导向"劳动教育模式借鉴CDIO工程教育理念,这是2004年,由美国麻省理工学院、瑞典林雪平大学、瑞典查尔姆斯理工大学

---

① 以改革创新精神推动新时代经济社会发展迈上新台阶——习近平总书记在参加广东代表团审议时的重要讲话引起热烈反响[N].经济日报,2018-03-08(2).

等四所工程大学发起,全球23所大学参与、合作开发的一个国际工程教育合作项目[①]。CDIO即以构思(Conceive)、设计(Design)、实施(Implement)、运行(Operate)四个步骤体现出现代工业产品的开发过程。

CDIO教学大纲对学生能力的要求贯穿了对学生全方位的实践能力的培养和综合素质的提高。从表6.1 CDIO能力大纲[②]与劳动教育目标的对应关系,可以看出两者在目标上有其一致性。下表中劳动教育的要求均出自教育部《纲要》中关于大学生劳动教育要求的表述。

表6.1 CDIO与劳动教育的要求对照一览表

CDIO 能力大纲 第一级	能力大纲 第二级	能力大纲 第三级	劳动教育的要求
1. 技术知识和推理 2. 个人能力、职业能力和态度 3. 在企业和社会环境下构思、设计、实施、运行系统 4. 人际交往能力		1.1 核心工程基础知识	
		1.2 高级工程基础知识	
	2.4 个人技能和态度	2.4.2 执着和变通	鼓励学生在学习和借鉴他人丰富经验、技艺的基础上,尝试新方法、探索新技术,打破僵化思维方式,推陈出新
		2.4.3 自省个人的知识、技能、态度、创造性思维	
		2.4.7 时间和资源的管理	
	2.3 系统思维	2.3.1 整体思维	要通过学生实践前的计划构想、实践中的观察思考和实践后的反思交流,加深对有关思想理论、法规政策的理解,实现理论学习和实践锻炼的统一
		2.3.3 确定优先级和焦点	
		2.3.4 决议时权衡、判断和平衡	
	2.5 职业技能和道德	2.5.1 职业道德、政治和责任感	指导学生思考劳动过程和结果与社会进步、个体成长的关联,避免停留在简单的苦乐体验上;将反思交流与改进结合进来,使学生在劳动中获得成长
		2.5.2 主动规划个人职业	
		2.5.3 与世界工程界保持同步	

---

① 夏人青,罗志敏.论高校人才培养框架下的创业教育目标——兼论高校创业教育课程的设置[J].复旦教育论坛,2010,8(6):56-60.
② 吕华芹.基于E-CDIO的工程类大学生新型创业教育模式研究[J].中国大学生就业,2014(2):9-14.

续表

CDIO			劳动教育的要求
能力大纲 第一级	能力大纲 第二级	能力大纲 第三级	
1. 技术知识和推理 2. 个人能力、职业能力和态度 3. 在企业和社会环境下构思、设计、实施、运行系统 4. 人际交往能力	3.1 团队精神	3.1.1 组建高效团队	让学生学会分工合作，体会社会主义社会平等、和谐的新型劳动关系。 组织学生交流分享劳动的体验和收获，肯定具有积极意义的认识，纠正观念上的偏差
		3.1.4 领导能力	
		3.1.5 技术协作	
	3.2 交流	3.2.1 交流战略	
		3.2.6 口头表达和人际交流	
	4.2 企业及商业环境	4.2.4 成功地在一个团队合作	
	4.1 外部和社会环境	4.1.2 工程界对社会的影响	强化规范意识，注重从最基本的程序学起，严守规则，避免主观随意。强化质量意识，注重引导学生关注细节，每个步骤、环节都要精准到位。强化专注品质，注重引导学生对操作行为的评估与监控
		4.1.3 社会对工程界的规范	提高在生产实践中发现问题和创造性解决问题的能力，在动手实践的过程中创造有价值的物化劳动成果
		4.1.5 现时的焦点和价值观	

从上表可以看出，CDIO的教育模式可以作为劳动教育项目教学法的良好借鉴。以项目教学法实施"行动力导向"劳动教育模式，在每个环节都可以实现教育的目标，深度融合大学生专业教育和劳动教育，提高大学生的劳动实践能力，提高劳动综合素养。

"行动力导向"劳动教育模式，要求大学生在进入大学的专业学习以后，在老师的指导下，组建学生团队，根据自己对专业的理解，确定一个与自己专业相关的项目任务，完成项目构思（即C，构思环节）并在之后两至三年的专业学习过程中逐步展开项目设计（即D，设计环节）、项目实施和成果运行（即I，实现环节），并完成项目验收（即O，运行环节）。通过这个与专业密切相关的劳动项目的完成，与自己的专业紧密对接，并且在这一系列环节中实现劳动教育的目标。"行动力导向"劳动教育模式具有专业性、创新性、主体性的特点。

第六章 "行动力导向"劳动教育模式的构建

一、以项目教学法实施"行动力导向"劳动教育模式框架

"行动力导向"即以学生毕业时应该达成什么样的实际劳动能力,特别是专业劳动能力为导向,来设计安排在校期间的劳动教育。以提高大学生劳动综合素养为核心目标,帮助大学毕业生以最快的速度适应专业技术岗位的工作。按照"劳动教育培养目标→专业培养毕业要求→专业劳动教育项目"的反向思路,进行"行动力导向"劳动教育的教学设计和模式构建。将劳动教育目标和专业毕业要求细化到"劳动教育专项"中的每一个环节。

图 6.1 以水文水资源专业为例,展示以项目教学法实施"行动力导向"劳

劳动项目开展过程 / **专业培养目标** / **劳动教育目标**

项目构思及设计
- ◆具有从事工程工作所需的相关科学及管理知识
- ◆掌握文献检索及运用现代信息技术获取相关信息的基本方法
- ◆具有一定的组织管理、表达能力和在团队中发挥作用的能力
- ◆具有终身学习以及不断学习和适应发展的能力
- ◆具有国际视野及跨文化的交流、竞争与合作能力
- ◆掌握工程基础知识和本专业的基本理论知识,了解本专业的前沿发展现状和趋势

- ·树立热爱劳动、辛勤劳动、诚实劳动、勇于创新的劳动价值观
- ·培养和提高思维能力、分析能力、表达能力等一般性劳动能力
- ·掌握团队协作、人际沟通、时间管理等通用性劳动能力
- ·学会在一个劳动项目中做好整体规划和时间、任务安排

项目实施运行及验收
- ◆具备开展工程实验的能力,并能够对实验结果进行分析
- ◆掌握基本的创新方法,具有追求创新的态度和意识;设计过程中能够综合考虑经济、环境等制约因素
- ◆了解与本专业相关的职业和行业的生产设计、研究与开发、可持续发展等方面的方针政策,能正确认识工程对于客观世界和社会的影响
- ◆具有人文社会科学素养、社会责任感和职业道德

- ·掌握专业性劳动能力和创新性劳动能力
- ·能够发现问题和创造性解决问题
- ·体会劳动为社会服务的方法和路径
- ·培养生涯规划的能力,提高劳动心理素养

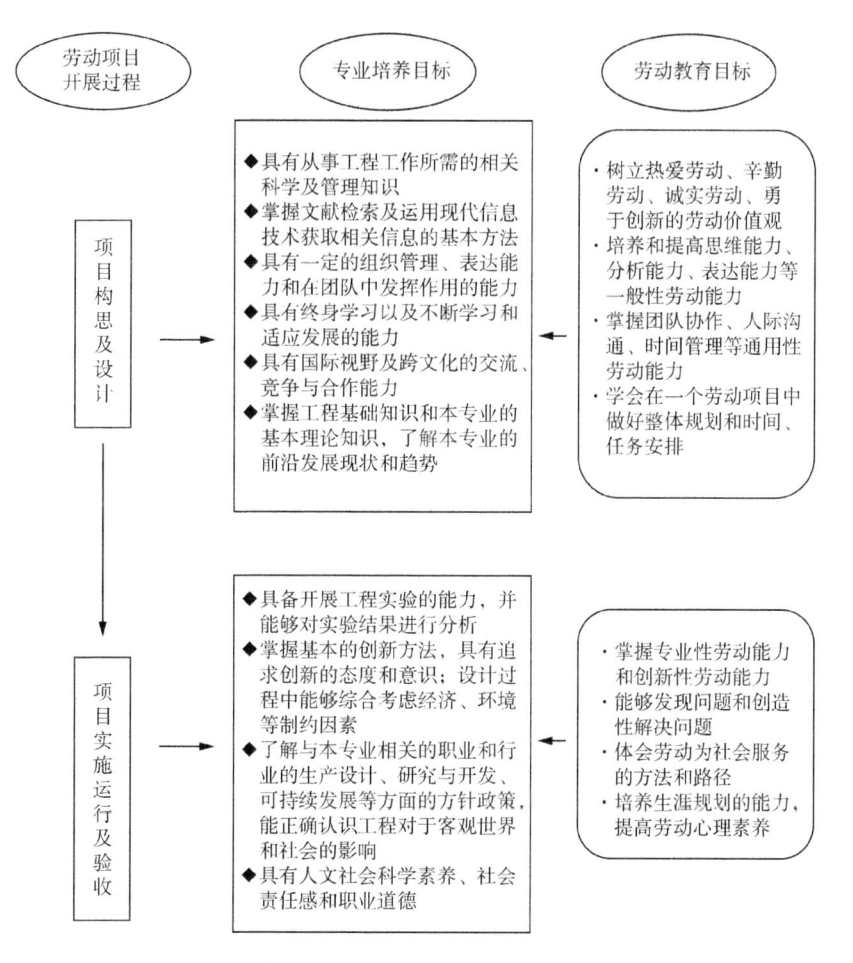

图 6.1 以项目教学法实施"行动力导向"劳动教育模式框架图

动教育模式的框架图。其中的专业培养目标来自工程教育本科专业学位互认协议《华盛顿协议》①中提出的水文水资源专业本科生毕业时要达到的十二条要求。劳动教育目标来自《大学生劳动教育》②一书。

由上图可以看出,在专业劳动项目的每一个环节,都体现了本专业的专业培养目标,同时也渗透了劳动教育目标。说明以项目教学法实施"行动力导向"劳动教育模式可以很好地将劳动教育融入专业学习,并通过专业劳动项目的实施实现劳动教育目标。

(一)项目构思与设计

以项目教学法实施"行动力导向"劳动教育模式的第一个阶段是项目构思与设计阶段。项目构思即确立项目任务书,确定项目团队成员,明确项目指导教师。要求大学生在启动专业学习的初期,即开始思考、确立自己的专业劳动项目,这个劳动项目将贯穿今后两到三年的大学学习,直到大学毕业前完成,甚至可能成为学生攻读高一级别学位的研究方向,或者是大学生毕业以后就业的优势特长。项目任务书要明确项目的题目、研究背景、研究内容、研究方法、研究重点难点和技术路线图。

这个阶段大学生的主要任务是掌握现代化、科学的查询和获取专业资料的方法,对本专业研究领域和方向有基本的了解,开始掌握从事本专业所需要的相关自然科学以及经济和管理学知识。应帮助大学生树立终身学习的理念,培养他们在专项中不断学习和适应性发展的能力,培养处理复杂问题的能力和组织协调能力,让他们学会在团队中与他人良好合作。

指导教师在学生团队组建的第一时间即开始对项目的指导和教学。指导教师不仅要在项目的可行性以及研究方向上给大学生提供指导,还要引导大学生树立热爱劳动、辛勤劳动、诚实劳动、勇于创新的劳动价值观,提高大学生思维能力、分析能力、表达能力等一般性劳动能力。

项目设计阶段是指,制定项目具体研究计划并予以实施。大学生应融会贯通专业所学,将其灵活运用于实际具体的劳动项目,熟悉本专业的具体运作过程。在指导教师的帮助下,与团队成员一起,做好专业劳动项目的前期知识储

---

① 工程教育专业认证是一种高等教育质量保障的标准和工作规范,最先始于美国。美国工程与技术认证委员会(简称 ABET)现由 30 多个专业和技术性协会组成。2006 年开始,我国加入《华盛顿协议》,开始以专业认证为指标指导和规范工程教育。

② 鲁扬,杨天,戴媛媛.大学生劳动教育[M].南京:南京大学出版社,2021.

备以及确定具体研究计划。在这个阶段,大学生不仅要在专业的实践上有所收获,还要锻炼和提高团队协作、人际沟通、时间管理等通用性劳动能力,学会在一个劳动项目中做好整体规划和时间、任务安排。

(二)项目实施运行及验收

以项目教学法实施"行动力导向"劳动教育模式,在完成项目构思与设计之后,进入实施阶段。项目实施的基本过程包括开展项目研究、项目运行及成果验收。在专业劳动项目实施过程中,大学生要能够综合灵活运用专业理论知识,真正学会专业设计和展开工程实验,科学地分析和使用实践数据,并且在这过程中培养创新意识,学习创新方法。在这个阶段,指导教师要特别关注大学生掌握专业性劳动能力的情况,以及创新性劳动能力的培养和提高。在实际的项目实现过程中,帮助学生学会发现问题和创造性地解决问题。

在大学生基本完成了自己劳动专项的研究任务的基础上,要对成果进行运行及验收。在项目实际发挥作用的过程中,进一步加深对本专业、本行业的认知,并熟悉本专业项目相关的生产设计、研究与开发等环节,了解相关的法律法规。正确理解和认识工程对客观世界和人类社会的影响,培养人文社会科学素养、社会责任感和职业道德,提高跨文化交流、竞争以及合作的能力。在专业劳动项目实施的过程中,指导教师要注意培养大学生感受劳动创造价值的美好,体会劳动为社会服务的方法和路径,锻炼和提高生涯规划的能力,提高劳动心理素质,如心理抗压能力等等。

二、"行动力导向"劳动教育模式的运行机制

在厘清以项目教学法实施"行动力导向"劳动教育模式实施过程的基础上,"行动力导向"劳动教育模式在运行方面有其独特之处,具体包括教育模式的管理机制以及评价机制。

(一)管理机制

以项目教学法实施"行动力导向"劳动教育模式的管理机制,要求教育教学协同,课内课外结合,整体规划分步实施,紧紧围绕项目进展的各个步骤展开大学生劳动教育。从管理机制上说,由高校教务处统筹管理各个专业的专业劳动项目的开设,包括时间安排、学时安排、师资安排和评价安排。由二级学院具体

负责专业项目的立项、中期检查、结题等具体环节,负责配备师资队伍,以及联系相关实践平台等工作。

专业劳动项目的研究和学习是开放式、探索式、研究型的学习。在教学方式上,以项目组为单位,实施"小班化"和"翻转课堂"的教学模式,充分调动学生的积极性和主动性,推翻传统灌输教学的陈旧模式,转向师生互动、讨论式教学。以项目教学法开展"行动力导向"劳动教育模式,高校应积极为大学生拓展实践的平台,如高新产业孵化园、各类企事业单位等。在成果运行与实施的环节,需要大学生深入实际的生产劳动第一线,检验自己项目在生产实践中的运行,并请生产单位提出评价和改进意见。从师资队伍上来说,"行动力导向"劳动教育模式要求建设一支具备优良劳动教育素养的指导教师队伍。这支队伍包括专业教师与导师、政治辅导员以及行业专业人士。教师与导师、政治辅导员以及行业专业人士,从不同的角度指导和评价学生劳动项目的完成度,都不可或缺。

"行动力导向"劳动教育模式中实施的专业项目,不同于目前本科生所做的创新训练项目或毕业设计。目前高校创新训练或毕业设计项目是大学生阶段性的教育教学环节,创新训练一般在大学二年级或三年级开展,毕业设计则是大学生完成所有的专业课学习以后的最后一个专业学习环节,一般从大四第一学期末开始选题,从选题到结题是一个集中的短期的过程,是对专业学习的总结性回顾和应用。而"行动力导向"劳动教育模式中的项目,则是在大学生刚刚开始专业学习时,一般是从二年级下学期开始,并且贯穿两到三年的学习,选题内容、思路等都可以随着专业学习的不断深入进行修改和完善,甚至可以成为大学生毕业设计选题的重要参考。

(二)评价机制

"行动力导向"劳动教育模式建立分环节成果展示的"评价—改进"互馈评价机制。在项目开展的各个阶段,安排立项、中期检查和结题评优的环节。由项目组提交相关材料并由学生代表做展示汇报,由指导教师团队集体开展指导,对每个项目的阶段性开展情况给予评估,特别是对劳动教育目标的达成给出评价,并对下一阶段的劳动实践方向给出期望和指导。劳动项目组在每个阶段评价结果的基础上,调整和改进自己的劳动项目。详细的评价时间安排和要求见表6.2"行动力导向"劳动教育模式各阶段评价表,其中评价标准分为基本要求和拓展要求,基本要求是学生在该阶段必须达到的要求,拓展要求是对学生劳动综合素养提出的更高的要求。

表 6.2 "行动力导向"劳动教育模式各阶段评价表

项目阶段	评价时间	评价方式	评价标准 基本要求	评价标准 拓展要求
确立项目任务书	二年级上学期	立项	基本了解本专业行业情况。在团队里能够承担分工。具有口头和书面表达能力。掌握基本的文献检索、查询及运用现代信息的方法。热爱劳动,有吃苦耐劳、诚实劳动、创新的意识和决心	了解本专业行业情况及前沿研究。能够组织协调团队共同完成工作。口头和书面表达能力强
制定实施计划	二年级下学期	中期检查	掌握本专业的基本理论知识并运用于劳动项目的实施。掌握基本的创新方法,具有创新的态度和意识	具有较强的设计和工程实验的能力,并能够对数据进行分析。基本掌握专业性劳动的技能
开展项目实施	三年级下学期		了解与本行业相关的专业生产、设计、研究开发。了解有关环境保护和可持续发展的政策法规	初步具备创新性劳动的能力,能够发现问题并创造性解决
成果运行及实施	四年级下学期	结题及评优	理解和掌握本行业专业劳动运行过程。具备人文社会科学素养、社会责任感和职业道德	较好地掌握本专业的劳动技能。能够理解本行业为社会服务的方法和路径。具有较全面的专业劳动素养

三、案例分析

本书以 H 大学生专业劳动项目"生物质碳基脱盐电容器的构建及其用于苦咸水增强淡化研究"为例,具体说明如何以项目教学法开展"行动力导向"劳动教育。该劳动专项的大学生所在专业为水文与水资源专业。由一名青年教授任指导教师,四名本科同学组成劳动专项小组,依托某大学国家重点实验室国家级实验平台完成项目。

二年级上学期,小组成员在进行了一个多学期的专业学习以后,对如何对苦咸水进行淡化产生了浓厚的兴趣。通过阅读大量中外文献,小组成员通过论文了解到电极材料的选择,可以影响电极脱盐效果的因素,以及学习了 CDI 电极的工作原理等等。经过多次组织小组内讨论交流,不断向指导教师请教,该小组了解了项目研究背景,考察了国内外研究现状,并分析项目已有基础条件与本项目有关的研究积累。随后,该小组细化了项目的研究目标、主要内容,明确了研究技术线路,列出了研究进度安排,并且明确了团队内部分工(刘同学:组长,负责项目主持与协调,确定实验思路、实验机理分析及报告撰写;王同学:负责相关文献收集、材料制备、电极加工,以及报告撰写;张同学:负责财务管理及报销,相关文献收集、实验机理分析,报告撰写;李同学:负责器件集成加工、材料表征性能测试、图表绘制)。团队所有同学在组队、确立项目的过程中,口头和书面表达能力均有所提升。该小组通过答辩汇报获得了立项。他们在共同立项的过程中掌握了基本的文献检索、查询及运用现代信息的方法,培养了热爱劳动、吃苦耐劳、诚实劳动、创新劳动的意识和决心。

该小组于二年级下学期制定实施计划。利用以尿素为氮源的天然丰富生物质柳絮(碳化柳絮)制备氮掺杂多孔碳微管(N-CMTs),并对所制备的材料进行了微观结构表征测试和电化学测试、吸盐能力测试和循环稳定性测试,测试N-CMTs的脱盐效果和循环稳定性等。在此阶段,项目组成员掌握了本专业基本理论知识并运用于劳动项目的实施,掌握了基本的创新方法,具有创新的态度和意识,具有较强的设计和开展工程实验的能力,并能够对数据进行分析。

该小组于三年级下学期开展项目实施。通过氮化废弃生物质柳絮,来生产氮掺杂碳微管(N-CMTs)。得到的 N-CMTs 从柳絮自然发育的结构中表现出中空的微管结构,以及尿素热解辅助氮掺杂增加的氮掺杂含量。为了更好地进行比较,在相同条件下,用不含尿素的柳絮直接碳化制备了未掺杂的碳微管,称为 CMTs。经对比,通过柳絮丝氮化合成的 N-CMTs,在脱盐效果、循环稳定性等方面均表现良好,证实了 N-CMTs 具有良好的去离子化性能和环保合成方法,有望应用于 CDI 的实际应用。在此阶段,项目组成员了解了与本行业相关的研究开发、生产过程,具备了创新性劳动的能力,能够发现问题并创造性解决问题。

该小组于四年级下学期开展成果运行及实施。项目基于前期电容去离子苦咸水淡化研究,提出一种增强苦咸水淡化效率的思路:通过生物质衍生策略制备异质原子掺杂碳材料,有效调控碳材料异质原子种类及含量,增强碳材料界面离子选择吸附及氧还原活性,进而实现碳材料脱盐性能及稳定性的协同提升。项目成果可应用于苦咸水淡化,为有效利用苦咸水资源做出贡献。有效利用地下苦咸水资源,是保障我国农村居民饮用水安全的重大问题,对保障我国西部大开发和"一带一路"建设,具有极其重要的现实意义。在此阶段,项目组成员理解和掌握了本行业专业劳动运行过程,具备了人文社会科学素养、社会责任感和职业道德,掌握了本专业的劳动技能。

该专业劳动项目经过两年半的研究,在 A 类期刊公开发表学术论文一篇,获得江苏省"挑战杯"理科组一等奖。四名小组成员均取得继续攻读本专业硕士学位的免试推荐资格。专业劳动项目指导教师以及结题答辩组教师团队对该项目的专业劳动教育总体评价是:总体已达到了劳动教育的目标。对照"行动力导向"劳动教育模式各阶段评价表,可以看出,本案例项目组四个成员较好地达到了评价标准中各个阶段的基本要求和拓展要求。

"生物质碳基脱盐电容器的构建及其用于苦咸水增强淡化研究"专业劳动项目的试点实施,依托创新创业项目,结合大学生所学专业的前沿热点问题,以问题为导向,以项目为索引,融合学校、社会多方劳动教育资源和力量,创新了劳动教育方式,助力专业教学,丰富了劳动教育成果的输出,尝试了对创新劳动能力的培养新路径,提升了大学生劳动教育的个性化和专业化特征品质。

第七章

"职业化"劳动教育模式的构建

第七章
"职业化"劳动教育模式的构建

从社会发展的层面看,大学生劳动教育的目标作为成果的表现形式,就是要提供适应劳动力市场需要,适应岗位要求,能尽职尽责发挥作用,为社会主义现代化建设做出贡献的高素质劳动者。新时代对人才的要求,已经不仅仅是知识和技能的掌握,更重要的是体现为职业适应性的生存、应变和发展能力。

马克思主义的哲学体系被认为是一种实践的哲学,马克思主义劳动观实际上是实践的劳动观。劳动是人类主体运用身体器官和技能改造自然界,实现从灵长类动物进化为人的实践过程。这个实践过程是创造价值的,是创造世界的,更是创造历史的。劳动本身的实践特性决定了劳动教育的实践本体特征。马克思认为,"真正自由的劳动"必须"具有社会性"。[1] 实际上就是以实践观的视角,将社会环境中的积极因素,转化为大学生提供自由劳动的场域,形成良性循环的发展机理,推动大学生实现人的全面发展和成长。实践是改造客观世界的社会性物质活动,直接现实性、自觉能动性和社会历史性是实践的三个基本特征。本章以此为视角研究"职业化"劳动教育模式的构建。实践的直接现实性,要求在"职业化"的劳动场域中强化劳动教育的可感知要素,将现实劳动市场中的劳动主体、劳动客体和劳动中介展示给大学生。依据实践的自觉能动性特点,要求大学生在"职业化"劳动过程中,充分发挥主体积极性和自觉性,充分体验和感知真实的岗位要求和自身的劳动能力短板。同时,要求教师积极能动,加强对大学生职业化劳动教育的个性化指导。实践的社会历史性特点,要求大学生劳动教育的"职业化"过程,要注重劳动实践过程中形成的社会关系、实践教学对社会的影响,高校要为大学生选择适应新时代发展要求的,适合本校专业及学生特点的职业化劳动实践场域。

"纸上得来终觉浅,绝知此事要躬行。"中西方学者都对学生在实践中学习这个课题有过理论的表述。从学习心理学的角度上说,学习的过程并不是简单的主体对客体的反应、记忆和反馈,而是人与环境辩证互动的结果。顾俊斯的"社会化理论"认为,在真实的世界和学生的理解之间存在距离,因此学生会表现出实际工作经验的缺乏或不适应,但是他们都将是未来岗位上承担重要责任的力量。因此有必要在学校期间就把这种差别和矛盾展现给学生,并在教学的设计和安排中,引入外部世界不可控的因素,从而帮助学生获得直接的岗位经验和知识。除了马克思主义实践观和顾俊斯的"社会化理论",还有其他教育学家也对职业化的实践提出过自己的观点。如杜威所说的"学校即社会",就是说

---

[1] 马克思恩格斯全集(第八卷)[M].北京:人民出版社,2009:174.

学生要在真实的社会生活中于"做中学",亲自尝试所学到的知识,方能真正重组经验,内化能力。陶行知的"生活即教育"的思想,也是对职业化劳动教育的另一种阐释。生活和教育不是两样东西,而是完全融为一体的,要将"教学做合一",将一切生活场域、职业场域作为劳动教育开展的范畴。

从实践上来看,德国的"双元制"职业教育是对"职业化"劳动教育模式最早的探索,即校内的职业培训加上用人单位提供的培训,由《职业教育法》《职业培训章程》等法律法规进行规范和考核。这种教育培训方式为第二次世界大战后,德国经济的快速恢复贡献了大量高素质的岗位工人。杜威创办的"芝加哥大学附属实验学校"和陶行知创办的"晓庄学院""山海工学团"都在教育学生的过程中,打破了学校、工场、社会之间的藩篱,带领学生在学中做、在做中学。我国历史上大学生劳动教育实践中的"社会化生产模式"和"行业模式"都是对劳动教育"职业化""社会化"路径的探索和尝试。这两种模式中,虽然大学生也实地在社会岗位中从事专业性劳动,但是这两种模式中社会实践,往往是劳动教育"迁就"实践岗位,甚至是因为实践岗位需要人才,大学生才参与其中。因此缺乏从教育学视角对大学生劳动职业化的科学规划和安排。对于大学生劳动职业化实践的指导教师也缺乏关注和培训。

《纲要》明确指出,劳动教育必须面向真实的生活世界和职业世界。新时代,习近平总书记在全国教育大会上指出,要提升教育服务经济社会发展能力。这对教育主动适应经济社会发展和人民群众需求,增强教育的针对性和适应性提出了更高的要求。按照大学生劳动教育模式构建的"社会化"实施路径,"职业化"劳动教育模式就是为适应社会发展需要,充分利用社会化教育教学资源,以培养和提高大学生就业岗位适应能力和实现大学生的职业价值为核心,政府、高校、企业多主体协同管理合作,对大学生开展劳动教育的模式。基于系统工程思想,从人才培养体系三个关键要素出发,即优化校内培养方案、拓宽校外劳动实践平台、打造劳动教育双师队伍,"三维度一体化"构建"职业化"劳动教育模式,培养适应新时代劳动力市场要求的复合型人才。"职业化"劳动教育模式具有实践性、针对性、适应性特点,在对大学生劳动教育社会化的科学性安排和规划方面实现了对我国历史上"社会化生产模式"和"行业模式"两种劳动教育模式的超越。

"职业化"劳动教育模式具有实践性、针对性、适应性特点,适用于所有类型大学的劳动教育。根据大学的分类,我国大学主要有研究型大学、应用型大学和技能型大学三种。研究型大学要培养引领时代发展的高层次研究人才,应用型大学和技能型大学则是要培养适应劳动力市场的技能型、操作型人才,更看重人才的实际动手能力。但是大学人才培养的共同特点是其"准职业性"特点。然而目前很多高校在校内不具备让学生从事专业性劳动实践的条件。基于大学生劳动教育的"社会化"实施路径,针对当前劳动力市场的复杂性及专业型人才能力形成的综合实践性,从汇聚优质育人资源和促进人才供给侧与产业需求侧精准对接出发,构建"职业化"劳动教育模式,形成政校企(事)多主体协同、产教元素全过程融合培养理念。

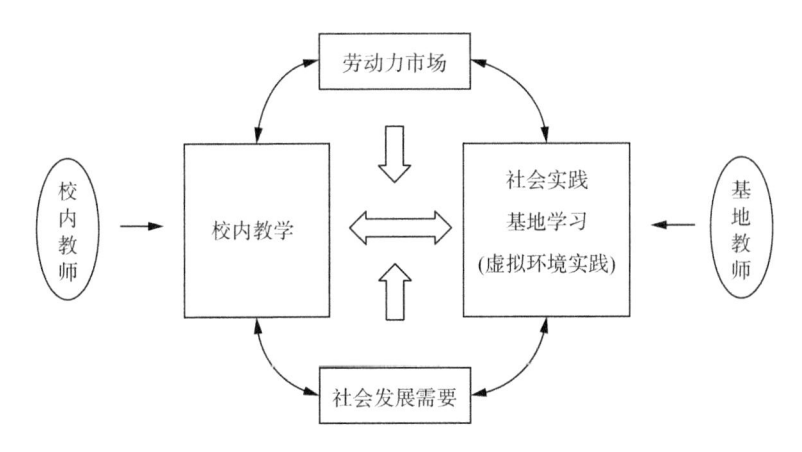

一、"职业化"劳动教育模式框架

"职业化"就是要在学校培养期间,密切契合学生未来的职业发展和劳动力市场的岗位要求,以实践教学为主要培养方式,重视学校教学与生产劳动实际紧密联系,关注理论联系实际,着重培养学生的实际应用能力,提高学生毕业以后就业的岗位适配度,促进大学生实现职业价值。鉴于模式与市场的密切联系,需要政府、高校和企(事)业单位多主体在共同培养过程中,汇聚优质育人资源,实现产教融合,实现培养方案共定、实践基地共建、师资队伍共组、科技难题共克、创新成果共享的良好局面。在"职业化"劳动教育模式运行过程中,以学生为实践主体,指导教师(包括校内专任教师和基地教师)是学生实践过程中的引导者、组织者和帮助者。指导教师应个性化地指导学生,提高其职业技能和就业水平。图7.1展示了"职业化"劳动教育模式的整体框架。

图 7.1 "职业化"劳动教育模式框架图

（一）优化培养方案，做好"职业化"劳动教育模式的校内统筹

面对信息时代的挑战，根据OBE教育理念，立足于服务行业的发展，高校要优化大学生培养方案，将"职业化"劳动教育培养模式落实到人才培养方案，合理安排大学生专业学习和劳动实践的时间线。图7.2展示了"职业化"劳动教育培养方案在校内的教育教学安排。主要分为劳动思想教育、专业学科教育和第二课堂教育三大部分。劳动思想教育主要落实在劳动课程和思政课程当中。劳动课程专门讲授马克思主义劳动观，要求学生认识理解劳动创造人、劳动创造价值、创造财富、创造美好生活的道理。学生通过学习马克思主义哲学、思想政治教育学基本原理、马克思主义基本原理概论、形势政策等思政课程，树立尊重劳动、热爱劳动和劳动人民的正确劳动价值观。在学生专业学科教学的过程中，不仅要在专业课程中给学生传授专业知识，还要特别注意做好课程思政，给学生讲授行业背景及历史，讲好职业道德和专业精神，讲好劳模故事，引导学生传承劳模精神和工匠精神等，给大学生打牢专业知识基本功，培育积极向上的劳动精神。最后，要在校园内做好第二课堂教育，通过校园活动、志愿服务、校园文化浸润等平台提高大学生的一般劳动能力（分析能力、表达能力等）以及使其养成良好的劳动习惯，为培养适应就业岗位的、具有较高劳动素养的人才打好基础。

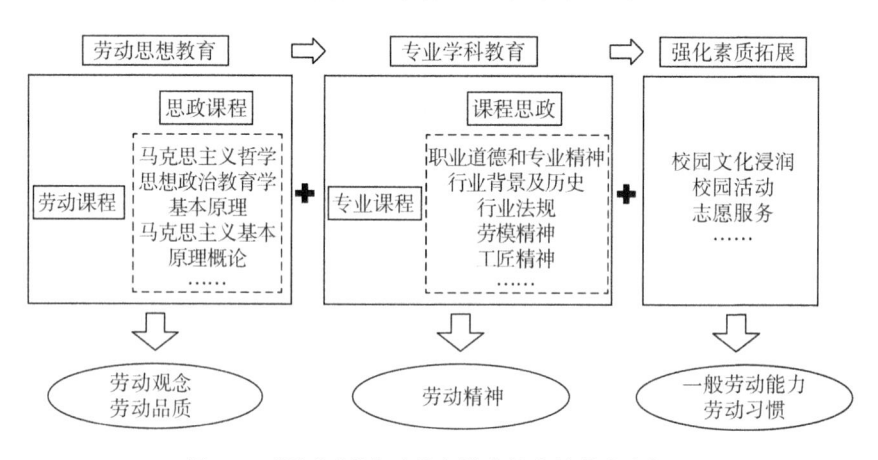

图7.2 "职业化"劳动教育模式校内培养方案框架

（二）整合各方资源，打造"职业化"劳动教育模式"双师"队伍

"职业化"劳动教育与我国历史上"行业模式"的"校企合作"不同，"职业化"

劳动教育不是简单地把学生放在劳动就业岗位上,而是把岗位实践作为人才培养的有机组成部分,它是一种将产教元素全过程融合的全新劳动教育培养模式。其中的关键就是"双师型"教师队伍的建设。校内劳动教育和专业教学如何与劳动力市场有效衔接,大学生在实习基地如何开展岗位实习,怎样提高大学生岗位适应能力,这些都需要实习基地的指导教师和高校教师两支队伍精诚合作、密切配合。教育者在制定教学方案、拟定实习目标和任务、开展实习过程以及进行劳动实习评价的过程中,要始终秉持"以提高大学生岗位适配度为核心的劳动综合素质"为培养目标的理念,提高自身劳动教育意识和能力,从而不断提升改进大学生劳动教育效果。

二、"职业化"劳动教育模式的运行

在构建"职业化"劳动教育模式框架的基础上,本节从校政企联动实施以及评价方式两个方面阐述"职业化"劳动教育模式的运行。

(一)政校企联动实施"职业化"劳动教育模式

"职业化"劳动教育模式紧紧面向劳动力市场,让大学生在校期间即有充分的时间和机会走进真实的工作世界,这就需要政府、高校和用人单位,多主体协同,汇聚优势育人资源,搭建政校企(事)协同育人平台。

政府、高校和企(事)业单位形成多元主体的价值认同,要弥合认知差异,明确主体责任和职责。政府积极引导、促进区域行业发展,高校优化培养方案,企业事业单位提供平台和技术支持。三个主体从三个层面开展合作,即共同构建人才培养方案,共同建立产教融合基地以及共同开展技术研发并共享研究成果。整个"职业化"劳动教育模式还需要构建双师队伍管理办法、实践基地管理办法等一系列管理制度,以保证教育模式的正常运行。图7.3展示了"职业化"劳动教育模式的运行框架。

(二)"职业化"劳动教育模式的评价

1. "职业化"劳动教育模式评价指标

"职业化"劳动教育模式是由政府、高校和企(事)业单位多主体协同组织、管理和运行的系统。为了对学生在基地劳动教育的综合劳动素养,得到一个可行的评价体系,应综合考虑"职业化"劳动教育模式的实践性、针对性、适应性等

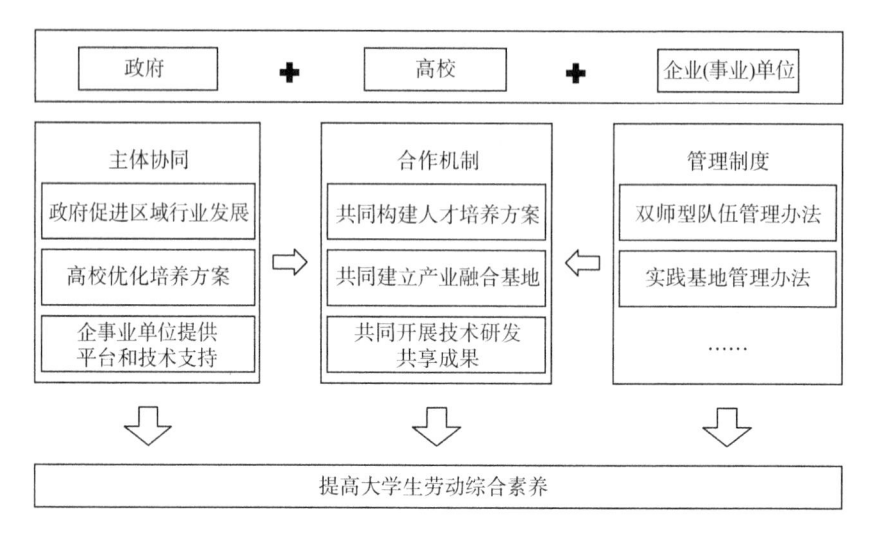

图7.3 "职业化"劳动教育模式运行框架

特点,遵循目标导向性原则、系统完善性原则、全面综合性原则、可操作性原则,在确定劳动教育对象的评价指标体系后,由学校和用人单位双方指导教师分别对劳动对象做出评价,给大学生劳动素养的提高以及提高工作岗位的适应性提供指导。

首先,要确定"职业化"劳动教育模式中对大学生的劳动综合素养评价指标体系,如表7.1所示。该评价指标体系应能全面、准确、灵敏地反映学生当前的劳动素养水平。其中四个一级指标"劳动观念""劳动能力""劳动精神""劳动习惯和品质"来自2020年教育部印发的《大中小学生劳动教育指导纲要(试行)》中对劳动教育目标以及劳动素养检测评价的描述。二级指标的14个观测点来自《大学生劳动教育》[①]一书,如表7.1所示。

2. 层次分析法的原理及步骤

20世纪70年代末,美国运筹学家、匹兹堡大学教授 T. L. 萨迪(T. L. Saaty)提出了层次分析法(Analysis Hierarchy Process,简称 AHP)。它将人的思维过程分成目标层、准则层和方案层,并借助数学模型进行分析,是一种将决策者定性判断和定量计算有效结合起来的实用的决策分析方法。该方法系统性强,使用灵活、简便,适用于组织化的大规模复杂系统。尤其是当系统规模庞大、结构复杂、属性及目标多样、系统中很多要素指标仅有定性关系时,采用层

---

① 鲁扬,杨天,戴媛媛.大学生劳动教育[M].南京:南京大学出版社,2021.

次分析法进行评价和决策是非常高效的。层次分析法的基本原理是把复杂问题按支配关系分成递阶层次结构,每个层次都由相互联系相互作用的各个要素组成。通过逐对比较法对层次中各要素的相对重要性进行量化,最后进行相对重要性的总排序。

表 7.1 劳动综合素养评价指标

一级指标	二级指标		评价属性
B1 劳动观念	C11 理解马克思主义劳动观		课程评价
	C12 树立正确劳动价值观		过程性评价
B2 劳动能力	一般性劳动能力	C21 分析能力	过程性评价
		C22 表达能力	过程性评价
	提升性劳动能力	C23 时间管理	过程性评价
		C24 人际沟通	过程性评价
		C25 压力管理	过程性评价
	专业性劳动能力	C26 专业操作能力	过程性评价
		C27 创造性劳动能力	过程性评价
B3 劳动精神	C31 敬业精神		过程性评价
	C32 合作精神		过程性评价
B4 劳动习惯和品质	C41 劳动投入(辛勤劳动)		过程性评价
	C42 职业道德和规范(诚实劳动)		过程性评价
	C43 珍惜劳动成果(尊重劳动)		过程性评价

(A 劳动综合素养评价体系)

运用 AHP 层次分析法进行决策时,需要经历以下 4 个步骤。

步骤一:建立多级递阶的结构模型

按支配关系自上而下分三层建立评价指标体系:

a. 最高层:也称目的层或目标层,是系统想要达到的目标或结果,是系统评价的首要准则(本文是评价以岗位适配为核心的劳动能力素养)。

b. 准则层:是为实现目标层所设立的准则、子准则等。本文设置两级指标对应准则层和子准则层。

c. 最底层:也称方案层。是为实现目标所采取的各种方案、措施等。

步骤二:构造两两比较判断矩阵

本文首先根据劳动能力素养评价建立目标和准则层基本模型,如图 7.4 所示。

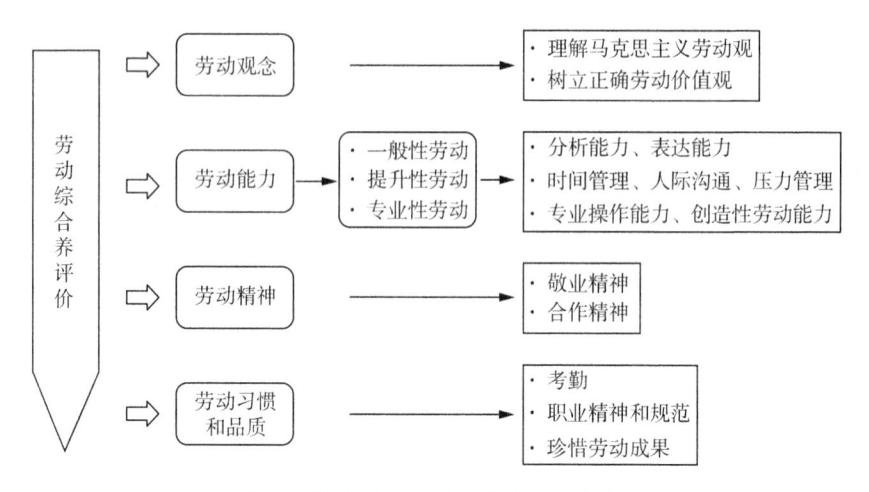

```
劳动综合素养评价 ⇨ 劳动观念 → ・理解马克思主义劳动观
                              ・树立正确劳动价值观
              ⇨ 劳动能力 → ・一般性劳动  → 分析能力、表达能力
                          ・提升性劳动    时间管理、人际沟通、压力管理
                          ・专业性劳动    专业操作能力、创造性劳动能力
              ⇨ 劳动精神 → ・敬业精神
                          ・合作精神
              ⇨ 劳动习惯和品质 → ・考勤
                                ・职业精神和规范
                                ・珍惜劳动成果
```

图 7.4 "职业化"劳动教育模式劳动综合素养评价模型

对同属一级的要素,以上一级的要素为准则进行逐对比较,建立判断矩阵。

$$A = \begin{bmatrix} a_{11} & a_{12} & \cdots & a_{1n} \\ a_{21} & a_{22} & \cdots & a_{2n} \\ \vdots & \vdots & \cdots & \vdots \\ a_{n1} & a_{n2} & \cdots & a_{nn} \end{bmatrix}$$

比较 n 个要素 $B=(B_1,B_2\cdots B_n)$ 对目标层要素 A 的影响:采用两两成对比较,用 a_{ij} 表示要素 B_i 与要素 B_j 对目标 A 的影响程度之比。

为了使判断定量化,根据 1~9 标度确定每个要素的相对重要度,如表 7.2 所示。

表 7.2 判断定量化标度含义表

标度	含义
1	表示两个元素相比,具有同样的重要性
3	表示两个元素相比,前者比后者稍重要
5	表示两个元素相比,前者比后者明显重要
7	表示两个元素相比,前者比后者极其重要
9	表示两个元素相比,前者比后者强烈重要
2、4、6、8	表示上述相邻判断中间值
1~9 的倒数	表示相应两因素交换次序比较的重要性

步骤三:权重计算

先用求根法来计算判断矩阵特征向量的近似值。

$$W_i = \frac{(\prod_{j=1}^{n} a_{ij})^{\frac{1}{n}}}{\sum_{i=1}^{n}(\prod_{j=1}^{n}(a_{ij})^{\frac{1}{n}})}, i,j = 1,2,3\cdots n$$

第二步把特征向量标准化后得到权重向量 $W = (W_1, W_2, \cdots, W_n)T$。

步骤四:一致性检验

为保证求得的权重的正确性及合理性,还需要进行一致性检验。

计算一致性指标 $C.I.$

$$C.I. = \frac{\lambda_{\max} - n}{n-1}$$

其中,$\lambda_{\max} = \sum \frac{(AW)_i}{nW_i}$

显然,n 越大,$C.I.$ 的误差越大。因此,在检验时引入随机性一致性比值 $C.R.$

$$C.R. = \frac{C.I.}{R.I.}$$

当 $n = 1, 2, \cdots, 14$ 时,$R.I.$ 的取值如表 7.3 所示。

表 7.3　$R.I.$ 取值表

矩阵阶数 n	1	2	3	4	5	6	7	8	9	10	11	12	13	14
$R.I.$	0	0	0.58	0.9	1.12	1.24	1.32	1.41	1.45	1.49	1.51	1.54	1.56	1.58

当随机一致性比率($C.R. < 0.1$)时认为计算所得的层次排序权重是正确的、合理的,否则,需要重新调整判断矩阵,直到一致性检验合格为止。

最后进行综合重要度的计算,权重最大的方案即为实现目标的最优选择。

3. 劳动综合素养评价

劳动综合素养评价的目的是对被评价的对象作出有价值的判断,以便促进素养进一步提升。根据前文研究,"职业化"劳动教育模式设定了 2 个准则层和 18 个方案对象。对于准则层:劳动观念、劳动能力、劳动精神、劳动习惯和品质,我们可以构建这样一个 4×4 的判断矩阵如表 7.4 所示。

表 7.4 劳动综合素养评价判断矩阵

评价项目	劳动观念	劳动能力	劳动精神	劳动习惯和品质
劳动观念	1	1/3	3	3
劳动能力	3	1	5	5
劳动精神	1/3	1/5	1	3
劳动习惯和品质	1/3	1/5	1/3	1

其中对角线为各个指标自己的判断,例如对于"劳动观念"与"劳动观念",其重要性为1,因为指标自身对比自身肯定是1∶1。对于第二行第一列,也就是"劳动能力"与"劳动观念"对比,可能判断者认为"劳动能力"比"劳动观念"明显重要,那么就可以标值为5,以此类推,直到构建一个完整的判断矩阵。

根据 matlab 算法,得出一级指标权重:

判断矩阵 A 为:

$$\begin{pmatrix} 1 & 1/3 & 3 & 3 \\ 3 & 1 & 5 & 5 \\ 1/3 & 1/5 & 1 & 3 \\ 1/3 & 1/5 & 1/3 & 1 \end{pmatrix}$$

A 是正互反矩阵。从矩阵形式结构看,符合一般性要求,通过特征值法求得的权重向量(即特征向量)为:

$$W = \begin{pmatrix} 0.2476 \\ 0.5495 \\ 0.1293 \\ 0.0736 \end{pmatrix}$$

并对判断矩阵 A 的判断一致性结果进行分析:

$C.R.=0.011\,796<0.1$,所以,该判断矩阵 A 的一致性可以接受。

表 7.5 至表 7.8 分别为劳动观念、劳动能力、劳动精神、劳动习惯和品质的二级指标判断矩阵。

表 7.5 劳动观念判断矩阵

劳动观念	C11 理解马克思主义劳动观	C12 树立正确劳动价值观
C11 理解马克思主义劳动观	1	1
C12 树立正确劳动价值观	1	1

续表

劳动观念	C11 理解马克思主义劳动观	C12 树立正确劳动价值观
权重	0.5	0.5

表 7.6 劳动能力判断矩阵

劳动能力	C21 分析能力	C22 表达能力	C23 时间管理	C24 人际沟通	C25 压力管理	C26 专业操作能力	C27 创造性劳动能力
C21 分析能力	1	1	1	2	2	1/2	1/3
C22 表达能力	1	1	2	2	2	1/2	1/2
C23 时间管理	1	1/2	1	1	1	1/5	1/3
C24 人际沟通	1/2	1/2	1	1	1	1/3	0.5
C25 压力管理	1/2	1/2	1	1	1	1/3	1/3
C26 专业操作能力	2	2	5	3	3	1	1
C27 创造性劳动能力	3	2	3	3	3	1	1
权重	0.118 7	0.135 4	0.077 1	0.079 6	0.073 7	0.260 2	0.255 3

表 7.7 劳动精神判断矩阵

劳动精神	C31 敬业精神	C32 合作精神
C31 敬业精神	1	1
C32 合作精神	1	1
权重	0.5	0.5

表 7.8 劳动习惯和品质判断矩阵

劳动习惯和品质	C41 劳动投入（辛勤劳动）	C42 职业道德和规范（诚实劳动）	C43 珍惜劳动成果（尊重劳动）
C41 劳动投入（辛勤劳动）	1	1/5	1
C42 职业道德和规范（诚实劳动）	5	1	5
C43 珍惜劳动成果（尊重劳动）	1	1/5	1
权重	0.142 9	0.714 3	0.142 9

综合以上计算,获得"职业化"劳动教育模式的评价权重,如表7.9表所示。

表7.9 劳动综合素养评价权重

一级指标		二级指标	权重
劳动观念 0.247 6		C11 理解马克思主义劳动观	0.123 8
		C12 树立正确劳动价值观	0.123 8
劳动能力 0.549 5	一般性劳动能力 0.139 6	C21 分析能力	0.065 2
		C22 表达能力	0.074 4
	提升性劳动能力 0.126 6	C23 时间管理	0.042 4
		C24 人际沟通	0.043 7
		C25 压力管理	0.040 5
	专业性劳动能力 0.283 3	C26 专业操作能力	0.143 0
		C27 创造性劳动能力	0.140 3
劳动精神 0.129 3		C31 敬业精神	0.064 7
		C32 合作精神	0.064 6
劳动习惯和品质 0.073 6		C41 劳动投入(辛勤劳动)	0.010 5
		C42 职业道德和规范(诚实劳动)	0.052 6
		C43 珍惜劳动成果(尊重劳动)	0.010 5

三、案例分析

本文选取H大学在N集团有限公司开展的职业化劳动教育为例进行分析,并对评价指标和评价模型方法进行验证,提出改进措施。

H大学是一所以工科为主,多学科协调发展的教育部重点大学。学校高度重视劳动教育,学校以"宽基础,强实践,重创新"为导向,以培养德才兼备的高层次优秀人才为目标,人才培养模式改革不断深化,积极探索和实践劳动教育培养机制,学生深受用人单位的欢迎。N集团有限公司是国家电网公司直属产业单位,是中国产业规模最大、技术水平最高的电气设备成套供应商。N集团利用自身专家人才多(中国工程院院士4人、国家级人才46名)、产业集群密(有40余条产品线、500多种具有自主知识产权的产品)、实践平台多(拥有众多实验室平台:1个国家重点实验室、2个能源局实验室、5个国家电网重点实验室)的优势,在集团内部建立了"劳动教育基地"与H大学共同实施"职业化"劳动教育,取的一定的实效。

第七章 "职业化"劳动教育模式的构建

在"职业化"劳动教育模式的组织管理运行方面,成立了由双方主要负责人担任主任的研究生培养基地建设管理委员会。H大学专门成立了基地学生管理办公室,负责协调学生进入基地实践的相关工作。N集团专门成立了基地管理办公室挂靠教培中心,负责协调研究生实践、学习、生活等相关管理工作。订立了集团内工作站管理办理、工作站导师管理办法、工作站学生管理办法,确保导师和学生在实践基地的工作和学习都有章可循。

N集团与H大学共同做好基地的指导教师队伍建设,通过科学遴选、聘任培养、考核管理三个环节,提高基地指导教师的指导水平。在基地内,学生建立临时班级和党支部,遴选班委和临时党支部,开展班级日常管理和党团活动,也积极参加企业内部的员工大讲坛、员工职业发展规划大赛、足球赛等丰富多彩的活动。

进入基地后,学生先进行集中培训,初步了解集团概况,开展生产安全、保密教育、工作纪律、产业发展以及企业文化等教育。随机进入部门进行系统的顶岗实践,开展岗位职责、内容和纪律的培训,具体接触项目任务书,学习相关工作软件和工具,加快学生对岗位的认知。并在一定时间段的具体工作中亲身参加生产加工、工作讨论、试验检测、现场调试等真实工作环节,切实提升学生的实际工作能力。在结束实践前,开展实践总结汇报和交流,学生与学校及基地导师共同研讨实践的成果与体会。

在H大学与N集团开展"职业化"劳动教育的实践中,通过加强组织保障、制度保障和条件保障,做好"两支导师"队伍建设,细化学生实践教育环节,强化过程管控,提高了学生工程应用能力、职业素养、综合素质和就业竞争力显著提高。同时推进了校企的产学研合作,促进了高校人才培养和集团的科技创新发展。

本文以N集团有限公司与H大学联合培养的大学生为主,综合跟踪学生在基地单位培养轨迹,并结合基地指导教师及基地单位根据学生在基地单位的劳动教育考核及任用,进行"职业化"的劳动教育模式案例研究。本案例随机选取了18名学生进行基于产教融合的"职业化"劳动教育模式的运行模型评价。

根据"职业化"(基地)劳动教育模式评价指标,请用人单位指导教师和学校指导教师两支教师队伍,独立对同一批学生进行"职业化"劳动教育模式下的劳动素质评分获得表7.10和表7.11的评价结果。

表 7.10 大学生劳动综合素养的用人单位指导教师打分表

项目	S1	S2	S3	S4	S5	S6	S7	S8	S9	S10	S11	S12	S13	S14	S15	S16	S17	S18
C11 理解马克思主义劳动观	9	9	8	6	8	9	9	9	9	8	9	10	9	9	7	10	6	9
C12 树立正确劳动价值观	10	7	5	7	9	9	8	9	9	6	9	10	9	8	9	6	7	7
C21 分析能力	8	8	8	9	8	7	6	6	9	9	8	9	7	9	8	5	8	8
C22 表达能力	7	9	9	6	6	8	9	7	6	8	8	7	8	8	8	9	8	6
C23 时间管理	6	9	6	8	8	6	8	5	5	7	8	5	7	9	9	6	8	9
C24 人际沟通	7	7	6	8	9	6	5	9	7	7	9	9	5	7	9	9	9	9
C25 压力管理	9	9	7	9	9	7	6	5	9	7	6	10	8	8	5	7	8	6
C26 专业操作能力	7	9	8	9	7	9	8	6	8	8	8	9	5	9	9	6	6	10
C27 创造性劳动能力	10	8	7	6	9	8	7	6	8	8	6	6	8	6	9	9	9	6
C31 敬业精神	6	6	9	9	8	7	6	6	9	8	9	9	6	9	8	9	9	8
C32 合作精神	9	5	5	6	9	8	10	9	7	7	9	6	7	9	5	6	6	6
C41 劳动投入（辛勤劳动）	6	5	8	9	9	8	5	9	9	10	8	8	8	8	10	8	6	7
C42 职业道德和规范（诚实劳动）	7	9	6	6	8	7	9	5	5	9	8	6	7	9	6	9	8	10
C43 珍惜劳动成果（尊重劳动）	9	7	6	9	9	6	7	9	6	8	9	9	8	6	6	7	7	7
总分	8.22	7.95	7.09	7.74	8.15	7.83	7.73	7.07	8.06	8.14	8.07	8.19	7.33	8.21	7.95	7.63	7.43	7.82

第七章 "职业化"劳动教育模式的构建

表 7.11 大学生劳动综合素养的学校教师打分表

项目	S1	S2	S3	S4	S5	S6	S7	S8	S9	S10	S11	S12	S13	S14	S15	S16	S17	S18
C11 理解马克思主义劳动观	9	5	7	9	8	10	9	5	5	9	9	9	6	10	9	8	6	9
C12 树立正确劳动价值观	9	6	6	9	7	8	7	7	9	8	8	8	10	7	5	6	6	8
C21 分析能力	10	9	6	8	8	6	9	5	7	9	9	7	6	9	6	10	8	7
C22 表达能力	5	7	5	5	7	6	8	7	6	7	9	9	6	10	9	9	6	7
C23 时间管理	7	9	6	7	9	5	7	9	8	9	8	8	6	5	10	6	10	9
C24 人际沟通	8	7	5	5	8	8	6	6	9	7	8	7	9	8	7	7	6	9
C25 压力管理	6	6	8	6	8	9	10	5	7	8	7	7	7	7	5	7	8	6
C26 专业操作能力	10	9	9	5	9	7	9	9	9	9	9	7	8	9	9	9	6	5
C27 创造性劳动能力	7	8	8	10	8	9	6	7	7	7	6	8	5	7	5	5	9	8
C31 敬业精神	9	9	6	9	8	6	6	5	8	8	7	7	5	8	6	10	9	8
C32 合作精神	5	8	8	8	7	5	9	9	9	7	9	9	10	9	9	8	7	9
C41 劳动投入（辛勤劳动）	7	6	6	9	9	7	8	6	8	8	8	8	7	7	7	9	5	8
C42 职业道德和规范（诚实劳动）	9	6	8	5	8	10	8	7	7	9	7	8	8	6	5	6	6	9
C43 珍惜劳动成果（尊重劳动）	8	6	8	9	8	10	8	5	6	8	9	8	8	6	9	8	9	7
总分	8.09	7.38	7.05	7.55	8.18	7.67	7.81	6.84	7.87	8.1	8.04	8.23	7.08	8.17	7.11	7.54	7.08	7.67

171

对于两支教师队伍的不同评价结果,采取了差异率进行基本分析。此处差异率的定义为两个单位对单个研究对象打分排名的差异与所有研究对象的总个数减1的比。即:

$$P = C/(N-1)$$

注:P 为差异率;C 为两个主体对单个对象的排名差异;N 为研究对象总个数。具体见下表:

表7.12 研究对象差异率

学生	用人单位打分 数据	用人单位打分 排名	学校打分 数据	学校打分 排名	差异 差异率(可能最大比)
S1	8.22	1	8.09	5	4/17
S2	7.95	8	7.38	13	5/17
S3	7.09	17	7.05	17	0
S4	7.74	12	7.55	11	1/17
S5	8.15	4	8.18	2	2/17
S6	7.83	10	7.67	9	1/17
S7	7.73	13	7.81	8	5/17
S8	7.07	18	6.84	18	0
S9	8.06	7	7.87	7	0
S10	8.14	5	8.10	4	1/17
S11	8.07	6	8.04	6	0
S12	8.19	3	8.23	1	2/17
S13	7.33	16	7.08	16	0
S14	8.21	2	8.17	3	1/17
S15	7.95	9	7.11	14	5/17
S16	7.63	14	7.54	12	2/17
S17	7.43	15	7.08	15	0
S18	7.82	11	7.67	10	1/17
平均					0.098

通过计算,我们发现全体研究对象的差异率小于0.1,认为评价基本符合模型要求。对排名差距比较大的2号学生、7号学生和15号学生的评分差异做分析如下:首先,对于学生马克思主义劳动观的培养这个观测点,对2号学

第七章
"职业化"劳动教育模式的构建

生,用人单位的评价明显高于学校教师评价。学校教师对学生马克思主义劳动观的考查主要通过论文、研讨、分享等形式,而用人单位则考察学生的劳动实际表现,考查学生是否已经将马克思主义劳动观内化于心,且落实到劳动行为。此项观测指标,用人单位的评价更具有说服力。

其次,对于劳动投入(辛勤劳动)这个观测点,对 7 号学生,学校教师的评价明显高于用人单位的评价。这可能是源于,用人单位对工作人员的劳动投入要求更高。劳动投入一般是指劳动过程中劳动者为取得劳动成果所投入的时间、体力等劳动成本的总和。从单位和学校的性质看,学校从掌握知识、能力的教育学角度考察学生的劳动投入;而用人单位期待学生运用劳动能力进行投入产出,期待在岗人员在时间精力等方面对工作有更多的投入。从培养学生的最终目标是培养岗位适应度高的劳动者这个角度上看,该考察点上用人单位更具有直接的发言权。

最后,对尊重劳动这个指标,对 15 号学生,学校教师评分明显高于用人单位教师评分。尊重劳动包括对劳动者、劳动成果的尊重。在校园内,教师不太容易对尊重劳动这一观测点的评价进行具体化和量化,但是在真实的工作岗位上,对劳动者尊重劳动的要求更加明确和具体。比如对各种劳动工种的劳动者的尊重,对物质的或者是精神的劳动成果的尊重,因此这个评价指标,用人单位的评价更加具有发言权。

从这 18 名同学的最终就业情况 7 来看,5 号、10 号、11 号、12 号、14 号同学留在 N 集团工作。这五位同学在用人单位评价序列中排名分别为第 4、第 5、第 6、第 3 和第 2。在学校教师评价序列中排名分别为第 2、第 4、第 6、第 1 和第 3。由此可见,这五位同学总体上劳动素养水平在同批学生中排名靠前,对岗位的适应性比较高,获得了用人单位的认可,实现了高质量就业。本书所建立的"职业化"劳动教育模式的评价模型也能较准确地对学生进行评价,真实客观地反映学生在用人单位的劳动素养养成情况,对学生实现高质量就业以及后续指导学生劳动教育具有重要参考价值。

"职业化"劳动教育模式面向社会发展和劳动力市场的需要,以提升学生的岗位适配度为核心,优化劳动教育培养方案,融合校内校外两支师资队伍,整合各方资源,形成主体协同、合作共管的运行机制。该模式对高校开展大学生劳动教育,帮助学生高质量就业具有一定的实践参考价值。

结　论

教育决定着人类的今天和未来。教育是民族振兴、社会进步的重要基石。劳动教育是传承人类文明、创造美好生活的重要力量,是提高人民综合素质、促进人的全面自由发展的重要途径。加强新时代大学生劳动教育、创新探索大学生劳动教育模式构建,是培养时代新人、构建高校德智体美劳全面育人体系的时代呼唤。本研究基于马克思主义立场、观点和方法,综合运用教育学、心理学、社会学等学科知识,对大学生劳动教育的概念界定、时代意义、理论渊源、历史经验、现实困境、构建原则、方法路径等进行阐述,创新提出了三种新时代大学生劳动教育模式的构建框架、运行方式和评价方法。研究得出以下结论。

第一,明确大学生劳动教育的概念界定和时代意义,为展开研究确立逻辑起点。劳动教育是以被教育者劳动素养提高为目标,开展的一系列教育实践活动。劳动教育就是释放劳动的育人价值,从教育的角度,激发劳动对人的价值观、动手实践能力、精神品质的塑造潜能,实现人的全面自由发展。大学生劳动教育目标是为了劳动的教育,是合育人总体目标与学生专业特长的统一。大学生劳动教育的内容是关于劳动的教育,内容的确定是合价值性与规律性的统一。大学生劳动教育实施途径是经由劳动的教育,是合促进学生全面发展与激发学生个性特长的统一。劳动教育促进大学生全面发展和职业价值实现,劳动教育促进高校提高人才培养质量,劳动教育促进社会良好风尚和民族复兴。

第二,梳理劳动教育的理论渊源,回顾中外劳动教育的历史实践,分析国内外劳动教育的经验借鉴,并分析新时代大学生劳动教育的现实挑战。从理论渊源上看,开展劳动教育模式创新研究,要批判地继承中国传统思想中的劳动理念,遵循和活化马克思主义劳动观,借鉴著名教育学者的劳动教育学说。从历史的视角看,中国共产党成立一百多年来,一直贯彻"教育与生产劳动相结合"的方针,劳动教育经历了五个阶段的流变。大学生劳动教育探索了四种典型的模式,即社会动员模式、社会化生产模式、校本模式和行业模式。为创新构建新时代大学生劳动教育模式提供了有益的历史启示。站在新时代的历史方位,大学生劳动教育面临的现实挑战有:社会劳动价值取向的多元及失衡、大学生劳动意愿与实际劳动行动的不平衡、数字化信息化弱化了教育对象的主体性。

第三,审视当前大学生劳动教育的困境,在此基础上提出创新大学生劳动教育模式的构建原则和实施路径,为大学生劳动教育模式的创新研究做充足准备。目前很多高校都对劳动教育开展了有益的探索,但是我国大学生劳动教育仍存在三大困境,它们是:课程化进程停滞及其局限;劳动教育的职业性和创新性不突出;劳动教育的形式与目标的紧张与失衡。为解决这些困境,新时代大学生劳动教育模式创新要遵循以下四个原则:促进全面发展的整体性;实现理论与实践的互促共进;实现劳动教育与高校办学特色的无缝对接;实现劳动教育体系的多方协同。具体而言要处理好劳动教育中的几对关系,即处理好脑力劳动和体力劳动之间的关系、处理好学校劳动教育与家庭劳动教育、社会劳动教育之间的关系、处理好引导与评价之间的关系。新时代大学生劳动教育的实施有三条路径,分别是"课程化"路径、"项目化"路径和"社会化"路径。

第四,创新提出新时代大学生劳动教育模式构建的三种模式。在前文分析的基础上,依据大学生劳动教育模式构建的三条路径,提出三种新时代大学生劳动教育创新模式,分别是"具身化课程"劳动教育模式、"行动力导向"大学生劳动教育模式和"职业化"大学生劳动教育模式。以"具身认知"理论为基础,根据大学生劳动教育的"课程化"路径,构建"具身化课程"劳动教育模式。"具身化课程"劳动教育模式具有计划性、生成性、情境性特点,在劳动教育的规范性和科学性上实现了对"社会动员模式"的超越。以"行动导向"理论为基础,根据大学生劳动教育模式的"项目化"路径,构建"行动力导向"劳动教育模式,以项目教学法实施"行动力导向"劳动教育模式,具有专业性、创新性、主体性的特点,在劳动教育与专业对接以及教师的科学指导方面,实现了对"社会化生产"和"校本模式"的超越。以马克思主义实践论为基础,根据大学生劳动教育模式的"社会化"路径,构建"职业化"劳动教育模式。"职业化"劳动教育模式具有实践性、针对性、适应性的特点,在劳动教育精准对接劳动力市场、协同创新劳动教育方面实现了对"社会化生产模式"和"行业模式"的超越。

本书在研究大学生劳动教育的过程中,尝试着以马克思主义哲学为基础,结合教育学、心理学、认知学等相关理论,将劳动教育放在思想政治教育的视域进行研究。新的时代赋予劳动教育以新的内涵和要求,因此需要在更广阔的学理视角、更广泛的理论视域来理解新时代、理解大学生劳动教育,以培养"时代新人"为指引,对劳动教育进行再研究、再解读。如何进一步发挥劳动教育的思想政治教育属性,如何与虚拟化智慧教学深度融合开展劳动教育,如何以大数据为基础在高校开展大学生劳动教育，这都是一些新的视角和思路，可以有进一步的理论探讨和模式创新。

另外，大学生劳动教育模式是一个实践指向性较强的课题，目前研究提出的三种劳动教育模式是笔者在研究历史沿革、借鉴国内外大学生劳动教育模式的成功经验，并且大量搜集案例资料的基础上，采用理论分析法提出的三种大学生劳动教育创新模式。这三种模式还需要政府、高校、企事业用人单位共同研究和实施，并且需要经过长时间摸索、试错和迭代。劳动教育模式的创新需要更多的学者来关注、研究和实证，需要更多的高校实践和探索来实证，才能取得较好的研究和教育成效。

参考文献

一、著作类

[1] 马克思,恩格斯.马克思恩格斯选集(1—4卷)[M].北京:人民出版社,2012.

[2] 列宁.列宁选集(1—4卷)[M].北京:人民出版社,2012.

[3] 毛泽东.毛泽东选集(1—4卷)[M].北京:人民出版社,1991.

[4] 邓小平.邓小平文选(1—3卷)[M].北京:人民出版社,1989,1983,1993.

[5] 习近平.习近平谈治国理政[M].北京:外文出版社,2014.

[6] 习近平.习近平谈治国理政(第二卷、第三卷、第四卷)[M].北京:外文出版社,2017,2020,2022.

[7] 习近平.习近平著作选读(第一卷、第二卷)[M].北京:人民出版社,2023.

[8] 中共中央文献研究室.十三大以来重要文献选编(上、中、下)[M].北京:人民出版社,1991,1991,1993.

[9] 中共中央文献研究室.十四大以来重要文献选编(上、中)[M].北京:人民出版社,1996,1997.

[10] 中共中央文献研究室.十五大以来重要文献选编(上、中、下)[M].北京:人民出版社,2000,2000,2003.

[11] 中共中央文献研究室.十六大以来重要文献选编(上、中、下)[M].北京:中央文献出版社,2005,2006,2008.

[12] 中共中央文献研究室.十七大以来重要文献选编(上、中、下)[M].北京:中央文献出版社,2009,2011,2013.

[13] 中共中央文献研究室.十八大以来重要文献选编(上、中、下)[M].北京:中央文献出版社,2014,2016,2018.

[14] 中共中央文献研究室.十九大以来重要文献选编(上、中)[M].北京:中央文献出版社,2019,2021.

[15] 孙其昂.思想政治教育学前沿研究[M].北京:人民出版社,2013.

[16] 郑永廷.思想政治教育方法论(修订版)[M].北京:高等教育出版社,2010.

[17] 佘双好.大学生思想政治教育研究方法[M].北京:高等教育出版社,2010.

[18] 孙来斌.列宁的马克思主义理论教育思想研究[M].北京:中国社会科学出版社,2003.

[19] 陶行知.陶行知全集(第一卷)[M].长沙:湖南教育出版社,1983.

[20] 陶行知.陶行知全集(第二卷、第三卷)[M].成都:四川教育出版社,2005.

[21] 陶行知.生活教育文选[M].成都:四川教育出版社,1988.

[22] 成有信.现代教育论集[M].北京:人民教育出版社,2002.

[23] 常卫国.劳动论[M].北京:中国社会科学出版社,2005.

[24] 夏一璞.中国特色社会主义劳动观研究[M].北京:首都经济贸易大学出版社,2017.

[25] 朱炳元,朱晓.马克思劳动价值论及其现代形态[M].北京:中央编译出版社,2007.

[26] 李凯林.马克思劳动主体性思想研究[M].北京:北京出版社,1996.

[27] 曹亚雄.马克思的劳动观的历史嬗变[M].北京:中国人民大学出版社,2008.

[28] 刘世峰.中国教劳结合研究[M].北京:教育科学出版社,1996.

[29] 赵荣辉.劳动教育及其合理性研究[M].北京:中央民族大学出版社,2012.

[30] 袁俊平,卜建华,胡玉宁.人的全面发展理论与高校思想政治教育创新发展研究[M].成都:西南交通大学出版社,2017.

[31] 陈桂生.人的全面发展理论与现时代[M].上海:华东师范大学出版社,2012.

[32] 李珂.嬗变与审美[M].北京:社会科学文献出版社,2019.

[33] 刘向兵,等.新时代高校劳动教育论纲[M].北京:社会科学文献出版社,2019.

[34] 郑银凤,等."95后"大学生劳动观教育研究[M].北京:社会科学出版社,2020.

[35] 查有梁.教育模式[M].北京:教育科学出版社,1998.

[36] 查有梁.新教学模式之建构[M].南宁:广西教育出版社,2003.

[37] 高文.教学模式论[M].上海:上海教育出版社,2002.
[38] [德]海尔伯特·罗什.职业教育行动力导向的教学[M].赵志群,译.北京:清华大学出版社,2016.
[39] 张新宁,王翔,张忙巧.基于行动力导向法的职业学校课堂学生学习评价探讨[M].成都:西南交通大学出版社,2021.
[40] 柳燕君.现代职业教育教学模式——职业教育行动导向教学模式研究与实践[M].北京:机械工业出版社,2013.
[41] 陈巍,殷融,张静.具身认知心理学——大脑、具身与心灵的对话[M].北京:科学出版社,2021.
[42] 刘英杰.中国教育大事典(1949—199)[M].杭州:浙江教育出版社,1993.
[43] 中央教育科学研究所比较教育研究室.国外实施教育与生产劳动相结合资料汇编[M].北京:教育科学出版社,1982.
[44] 何东昌.中华人民共和国重要教育文献(1949—1997)[M].海口:海南出版社,1998.
[45] 何东昌.中华人民共和国重要教育文献(1998—2002)[M].海口:海南出版社,2003.
[46] 中华人民共和国教育大事记(1949—1982)[M].北京:教育科学出版社,1984.
[47] [苏]马卡连柯教育文集(上、下)[M].北京:人民教育出版社,2005.
[48] [苏]马卡连柯.论共产主义教育[M].刘长松等,译.北京:人民教育出版社,1957.
[49] [苏]苏霍姆林斯基选集(1—5卷)[M].北京:教育科学出版社,2001.
[50] [苏]苏霍姆林论劳动教育[M].北京:教育科学出版社,2019.
[51] 苏霍姆林斯基.苏霍姆林斯基论劳动教育[M].萧勇等,译.北京:教育科学出版社,2019.
[52] [苏]苏霍姆林斯基.让少年一代健康成长[M].黄之瑞等,译.北京:教育科学出版社,1984.
[53] [法]卢梭.爱弥儿[M].李平沤,译.北京:商务印书馆,1983.
[54] [法]卢梭.爱弥儿——论教育[M].李平沤,译.北京:人民教育出版社,2001.
[55] [美]约翰·杜威.经验与自然[M].傅统先,译.北京:商务印书馆,1960.
[56] [美]约翰·杜威.学校与社会·明日之学校[M].赵祥麟等,译.北京:人

民教育出版社,1994.

[57] [美]约翰·杜威.民主主义与教育[M].王承绪,译.北京:人民教育出版社,2001.

[58] [美]杰瑞·卡普兰.人工智能时代[M].李盼,译.杭州:浙江人民出版社,2007.

[59] [意]蒙台梭利.教育中的自发活动[M].江雪,译.天津:天津人民出版社,2003.

[60] [英]盖伊·克莱斯顿.具身认知——身体如何影响心智[M].孟彦莉,刘淑华,译.北京:中信出版集团,2022.

二、期刊论文类

[1] 刘向兵,赵明霏.构建新时代高校劳动教育体系的理论逻辑与实践路径——基于知识整体理论的视角[J].中国高教研究,2020(8):62-66.

[2] 刘向兵,党印.高校劳动教育实施推进的多元与统一——基于80所高校劳动教育实施方案的文本分析[J].中国高教研究,2022(5):54-59.

[3] 刘向兵.用劳模精神、劳动精神、工匠精神凝聚新征程奋斗力量[J].红旗文稿,2021(1):37-39.

[4] 李欢欢.高校劳动教育价值取向的百年嬗变:教育方针与政策视角[J].江苏高教,2021(11):39-44.

[5] 刘向兵,赵明霏.构建新时代高校劳动教育体系的理论逻辑与实践路径——基于知识整体理论的视角[J].中国高教研究,2020(8):62-66.

[6] 倪志宇,白金,李卫森.高校劳动教育课程的体系建构[J].中国高等教育,2022(1):36-38.

[7] 胡雪凤,洪早清.高校劳动教育的智能转型与应然路径[J].教育理论与实践,2022(6):13-17.

[8] 刘向兵.弘扬劳模精神 加强劳动教育[J].中国高等教育,2019(24):24-26.

[9] 刘向兵.新时代高校劳动教育的新内涵与新要求——基于习近平关于劳动的重要论述的探析[J].中国高教研究,2018(11):17-21.

[10] 汤素娥,柳礼泉.高校劳动教育课程化的价值意蕴与实践略[J].思想理论教育导刊,2021(1):99-103.

[11] 赵明霏,李珂.高校加强新时代劳动教育需处理好几对关系[J].中国高等教育,2020(9):4-5+53.

[12] 王莹,王涛.大学生劳动教育的路径优化研究[J].中国高教研究,2020(8):67-71.

[13] 罗建文.基于劳动过程理论的劳动情怀论析[J].湖南社会科学,2020(5):1-10.

[14] 娄雨.什么是"劳动的独特育人价值"——论劳动之于"体、技、心"的教育意义[J].中国教育学刊,2020(8):12-17.

[15] 任平,贺阳.当代德国学校劳动教育课程构建的经验与启示[J].中国教育学刊,2020(8):24-30.

[16] 段磊.加强大学生劳动教育的四个维度[J].人民论坛,2020(20):106-107.

[17] 左亚.用陶行知生活教育理论引领学校劳动教育的实践与探索[J].中国教育学刊,2020(S1):35-36+43.

[18] 张拥军,李剑,徐润成.新时代大学生劳动教育现状及认知影响因素研究——基于湖北省部分高校大学生的实证分析[J].思想教育研究,2020(6):151-155.

[19] 程从柱.劳动教育何以促进人的自由全面发展——基于马克思主义劳动观和人的发展观的考察[J].南京师大学报(社会科学版),2020(3):16-26.

[20] 陈洁.我国劳动教育的价值缺失与重塑之路研究[J].教学与管理,2020(15):8-10.

[21] 毛平.新时代高职院校劳动教育实施体系构建思路探析[J].思想理论教育导刊,2020(5):120-123.

[22] 乐晓蓉,胡蕾.新时代高校劳动教育的价值考量与整体推进[J].思想理论教育,2020(5):96-101.

[23] 曲霞,刘向兵.新时代高校劳动教育的内涵辨析与体系建构[J].中国高教研究,2019(2):73-77.

[24] 鲁满新.论新时代弘扬劳动精神的重大意义与实践路径[J].思想理论教育导刊,2019(4):134-137.

[25] 岳海洋.新时代加强高校劳动教育的价值意蕴与实践路径[J].思想理论教育,2019(3):100-104.

[26] 裴文波,岳海洋,潘聪聪.高校大学生劳动教育的多维透视[J].学校党建与思想教育,2019(4):87-89.

[27] 孟国忠.高校劳动教育价值实现的机理研究[J].学校党建与思想教育,2019(14):85-87.

[28] 徐海娇.劳动教育的价值危机及其出路探析[J].国家教育行政学院学报,2018(10):22-28.

[29] 徐海娇.新时代劳动教育需要新考量[J].中国德育,2018(18):7-8.

[30] 徐海娇.重构劳动教育的价值空间[J].中国教育学刊,2019(6):51-56.

[31] 徐海娇.劳动教育促进学生全面发展[N].中国社会科学报,2018-08-09(4).

[32] 徐海娇,柳海民.历史之轨与时代之鉴:我国劳动教育研究的回顾与省思[J].教育科学研究,2018(3):36-41+47.

[33] 王玉廷.新时代高校劳动教育弱化的表现、缘由及出路[J].当代教育科学,2019(10):44-47

[34] 祁占勇.新中国成立70年来我国劳动教育政策的价值选择及其变迁[J].国家教育行政学院学报,2019(6):18-26.

[35] 赵长林.新中国成立70年我国劳动教育思想的演进与劳动课程的变迁[J].国家教育行政学院学报,2019(6):9-17

[36] 李珂.行胜于言:论劳动教育对立德树人的功能支撑[J].教学与研究,2019(5):96-103.

[37] 檀传宝.开展劳动教育必须解决好的三大理论问题[J].人民教育,2019(17):34-35.

[38] 檀传宝.劳动教育的概念理解——如何认识劳动教育概念的基本内涵与基本特征[J].中国教育学刊,2019(2):82-84.

[39] 胡君进.马克思主义的劳动价值观与劳动教育观——经典文献的研析[J].教育研究,2018,(5):9-15+26.

[40] 胡君进,檀传宝.劳动、劳动集体与劳动教育——重思马卡连柯、苏霍姆林斯基劳动教育思想的内容与特点[J].国家教育行政学院学报,2018(12):40-45.

[41] 檀传宝.劳动教育的本质在于培养劳动价值观[J].人民教育,2017(9):45-48.

[42] 成有信.脑力劳动和体力劳动的分离、结合与教育(上)[J].华东师范大学学报(教育科学版),1987(3):11-22.

[43] 赵凌云.大学劳动教育的时代意义与实践路向[J].学校党建与思想教育,2020(11):4-7.

[44] 孙会平,宁本涛.五育融合视野下劳动教育的中国经验与未来展望[J].教育科学,2020,36(1):29-34.

[45] 何云峰.劳动教育的核心目标是培养律商[J].上海教育,2020(36):60.

[46] 何云峰.充分发挥家庭在劳动教育中的基础作用[J].现代教学,2020(22):1.

[47] 何云峰,万婕.劳动精神的主体性阐释[J].思想理论教育,2020(6):10-15.

[48] 费智勇.应用型高校双创教育与劳动教育协同育人探究[J].学校党建与思想教育,2022(4):51-53.

[49] 刘世峰.马卡连柯的劳动教育的理论和实践[J].教育评论,1990(6):62-64.

[50] 陈信泰,宁虹.教育同生产劳动相结合是造就全面发展的人的唯一方法[J].教育理论与实践,1985(5):1-6.

[51] 劳动教育与人的全面发展[J].青年研究,1983(4):18-20.

[52] 晓白.苏霍姆林斯基论劳动教育——劳动教育体的基本内容[J].外国教育动态,1982(3):39-44+50.

[53] 王义高,蔡青.苏霍姆林斯基论劳动教育[J].外国教育动态,1982(1):1-6.

[54] 刘世峰.苏联劳动教育六十年述评[J].全球教育展望,1981(5):17-23.

[55] 陈震东.卢梭的劳动教育观点[J].西北师大学报(社会科学版),1964(1):46-61.

[56] 李洪修,刘笑.数字时代劳动教育发展的理论逻辑与实践路径[J].天津师范大学学报(社会科学版),2022(6):79-84.

[57] 梁大伟,茹亚辉.新时代加强劳动教育的根本遵循、目标导向与价值旨归[J].现代教育管理,2022(6):20-26.

[58] 吕艳娇,姜君.新时代高校劳动教育与思政教育融合的四重维度[J].天津师范大学学报(社会科学版),2022(2):82-87.

三、学位论文类

[1] 王海亮.当代中国劳模精神研究[D].哈尔滨:哈尔滨理工大学,2019.

[2] 聂阳.马克思劳动理论的历史唯物主义意蕴[D].长春:东北师范大学,2018.

[3] 徐海娇.危机与重构:劳动教育价值研究[D].长春:东北师范大学,2017.

[4] 谭苑苑.马克思劳动本体论思想及其当代价值[D].福州:福建师范大学,2016.

[5] 郑银凤."90后"大学生劳动观教育研究[D].成都:西南交通大学,2016.

[6] 夏雪.马克思劳动思想的历史解读[D].北京:中共中央党校,2016.

[7] 杨国华.论马克思的劳动概念[D].上海:复旦大学,2013.

[8] 曹珊.全球化背景下美国高等教育人才培养与劳动力市场互动关系研究[D].南京:南京师范大学,2014.

[9] 吴红云.基于人本主义教育视角的研究型大学创业教育模式研究[D].合肥:中国科学技术大学,2018.

[10] 钟飞燕.新时代学校劳动教育研究[D].长春:吉林大学,2021.

[11] 李建楠.新中国成立以来中国共产党劳动教育思想演变与发展研究[D].长春:吉林大学,2021.

四、报纸类

[1] 习近平.坚持中国特色社会主义教育发展道路 培养德智体美劳全面发展的社会主义建设者和接班人[N].人民日报,2018-9-11(1).

[2] 习近平.在庆祝"五一"国际劳动节暨表彰全国劳动模范和先进工作者大会上的讲话[N].人民日报,2015-4-29(2).

[3] 习近平.在同全国劳动模范代表座谈时的讲话[N].人民日报,2013-4-29(2).

[4] 中共中央国务院关于全面加强新时代大中小学劳动教育的意见[N].光明日报,2020-03-27(1).

[5] 陈宝生.全面贯彻党的教育方针 大力加强新时代劳动教育[N].人民日报,2020-03-30(12).

[6] 王钟的.开展劳动教育 不是学校"需要"学生劳动[N].中国青年报,2020-01-08(2).

[7] 刘向兵.切实加强新时代大中小学劳动教育[N].中国社会科学报,2020-08-17(5).

[8] 方萱.苏联发展教育事业的新措施[N].人民日报,1956-12-29(5).

[9] 金陵.苏联重视中学毕业生参加劳动生产的问题[N].人民日报,1954-10-17(3).

五、外文文献类

[1] THELEN K. How Institutions Evolve:The Political Economy of Skills in Germany, Britain, the United States, and Japan[M]. Cambridge:Cambridge University Press,2004.

[2] HALL P, SOSKICE D. Varieties of Capitalism:The Institutional

Foundation of Comparative Advantage[M]. New York: Oxford University Press, 2001.

[3] BOYLE G V. Goals of Unions and Universities in Lab Education[J]. Labor Studies. Journal. Fal176, Vol. 1 Issue 2, 157-161.

[4] BLAINE H R, Zeller, Frederick A. Union Attitudes Toward University Participation in Labor Education: An Examination and Assessment[J]. Labor Law Journal. Apr 1965, Vol. 16 Issue 1, 237-242.

[5] WILLS E. Teaching about Labor through Union Worker-university Student Dialogues[J]. Labor Studies Journal. Mar 2012, Vol. 37 Issue 1, 81-103.

[6] PETERS R J. Labor Education in the Philippines[J]. Labor Studies. Journal. Sping 1994, Vol. 19 Issue 1, 19-30.

[7] CULPEPPER P. Can the State Creat Cooperation? Problems of Reforming the Labor Supply in France[J]. Journal of Public Policy, 20(3)223-245.

[8] BIBB. Germany and Italy Strengthen Cooperation in Vocational Education and Training. 2013[EB/OL]. [2016-04-25]. https://www.bibb.de/en/pressemitteilung_368.php.

[9] STEVEN H. President Obama Wants America to Be Like Germany—What Does That Really Mean? [EB/OL][2016-04-25]. http://www.theatlantic.com/business/archive/2013/02/president-obama-wants-america-to-be-like-germany-what-does-that-really-mean/273.

后记

本书是2020年度江苏高校哲学社会科学研究专题项目"新时代大学生劳动教育方式及成效评价研究"(2020SJB0019)、2020年度江苏省社科应用研究精品工程高校思想政治教育专项重点课题"新时代高校劳动教育价值实现及体系研究"(20SZA-002)、2023年江苏省学位与研究生教育教学改革重点课题《新时代研究生思想政治教育数字化路径研究》(JGKT23_B008)的研究成果。这是一部承前启后的专著。笔者在2021年出版了《大学生劳动教育》一书,可以说是本书的姊妹篇。该书已在诸多高校开展大学生劳动教育的实践中广泛运用,得到广大师生的好评,并被列为河海大学2023年重点教材,这两本书的内在关联在于:《大学生劳动教育》是面向大学生劳动教育课程以及大学生劳动素养提高的教师和学生用书,《新时代大学生劳动教育模式创新研究》是基于中国百年劳动教育历史以及新时代劳动教育现实的,对劳动教育模式构建的创新研究,两者是内在关联、递进和深入的关系。

在《大学生劳动教育》出版和使用的过程中,我一直在思考,如何真正有效地实现我在《大学生劳动教育》的前言中所谈到的大学生劳动教育的四个原则:其一,紧扣立德树人,立足思想性;其二,强调手脑并用,突出实践性;其三,继承优良传统,彰显时代特色;其四,发挥主体作用,强化评价激励。这不是一本劳动教育教材所能做到的,而需要从思想政治教育的视角,以更高的层面进行思考,通过广泛的阅读和思考,我想到了劳动教育模式构建这一选题。

在新时代全面加强大中小学生劳动教育以及人才强国的战略背景下,劳动教育模式这个问题的研究是非常重要的。党的二十大报告指出,"教育、科技、人才是全面建设社会主义现代化国家的基础性、战略性支撑","培养造就大批德才兼备的高素质人才,是国家和民族长远发展大计。"[1]将教育、科技和人才三者有机联系起来的其中一个途径,就是做好大学生劳动教育。大学生劳动教育具有显著的创新性、职业性和社会性特点。我们要通过劳动教育模式的创新

---

[1] 中国共产党第二十次全国代表大会文件汇编[M].北京:人民出版社,2022.

后记

构建和运行,展现出职业性劳动的教育价值,突出专业教师在大学生劳动教育中的作用,真正实现大学与职业世界的链接。通过模式构建的创新,将劳动教育放在教育学的范畴中来探讨,突出大学生劳动教育的思想政治教育属性。通过劳动教育模式的创新,提高未来劳动者的劳动素质,建设知识型、技术性、创新型的劳动大军,这是民族发展大计,也是面对激烈的国际竞争,一个国家抢占发展先机、赢得主动的关键。

本书自构想选题到付梓出版,历时三年,其间文章的章节和内容时有增减和调整,这个过程中,得到众多可亲可敬的师长们的指导和关心。特别感谢河海大学马克思主义学院的领导和老师,在我专注于劳动教育研究,撰写和出版两本书的过程中,给予了大力的支持。感谢我的博士生导师郑大俊教授,在我的选题、文章框架、研究方法等方面给予了很多具体的指导。

由于学识有限,本书错缪之处,恳请大家批评指正!

鲁 扬

2023 年 9 月 20 日于河海大学